玄界灘から見る古代日本

髙川　博

梓書院

発刊に寄せて

九州大学名誉教授　西谷　正

玄界灘は、日本の古代史を考える上で極めて重要な地域であるという認識に立って、平和時の外交・経済や文化交流と、緊張時の戦争の実像に肉迫する。

その際、何よりも玄界灘における舟・船と航海の問題が解決されねばならず、多角的かつ独自の視点に新たな切り口から、たとえば、潮汐流の流れなどに着眼して挑戦する。

本書は、日本の古代史を玄界灘にいわばコンパスの中心を据えて、広く北東アジアの関係史の解明に迫ろうとした意欲的な著作として、一読をお勧めしたい。

はじめに

周囲を海に囲まれた日本列島の古代史を復元するためには、海を通して唯一の輸送手段であった船（舟）と航海の実態を考察することが欠かせない。漁撈も船（舟）と密接に関わり生活の糧を得る大事な要素であるが、ここでは一応航海（海上交通）を主として考えることにしたい。

「必要は発明の母」だと言われる。我々日本人のご先祖様は、海を渡るためにどのような創意工夫を重ねて輸送の手段を発明し、それに改良を加えてこの難事業に挑んできたのであろうか。

その輸送手段の稀少性や重要性を考えれば、船（舟）はまさに現代の飛行機とも言える存在であろう。

なお、「舟」と「船」という用語の使い分けについては、丸木刳《く》り舟段階までを「舟」として、その発展形である準構造船以後を「船」と表記することにする。

最初の舟が例え粗末な丸木刳り舟であったとしても、個人レベルで製作することや運航することはままならない。常にある程度の集団的共同作業が必要となるのであるから、技術レベルの違いはあっても、そこには運用システムが必ず存在するのである。

このような問題を考える場合には、輸送手段の活動舞台である海そのものに関して十分な知識や理解が前提となってくる。ところが古代史や考古学の世界では、この基本的な考察を欠いた安易な推論がまかり通っているのが実情だと言わざるを得ない。地図を眺めて現代の感覚をもとに想像や推論をされてはかなわない。地図や海図（チャート）も無い、コンパスも無い、天気予報も無い、つまり何の情報も

玄界灘と対馬海峡　（『邪馬台国への海の道』（図録）大阪府立弥生文化博物館に一部加筆）

なく、徒手空拳で全神経を海と空に集中させて海に乗り出す古代の人々の世界を想像することが出来ていないのだ。

日本列島も北東から南西へかけて約三千kmあり、それを取り巻く海域もそれぞれ異なった顔をしているが、私はその中で玄界灘（対馬海峡）をメインに考えることにする。定点観測という言葉があるが、いわば玄界灘・定域観測といった手法を取ることにした。

それは、この海域こそまさに古代の日本と外界を繋ぐ極めて重要な海域であり、人々の移動や物流を通じて、文化の流入や伝播に大きく関わった海であり、ひいては古代国家の形成の上で重要な舞台となったと考えることから、このように的を絞った形を取った。

玄界灘の海域範囲については様々な解釈があるが、ここでは東は宗像沖、西は東松浦半島、北は対馬あたりを念頭において考えることにしたい。対馬海峡については海上保安庁の表記に従い、対馬の東海域を対馬海峡東水道、西海域を対馬海峡西水道とする。従って一般に使われることのある朝鮮海峡は西水道に含まれることになるし、玄界灘と対馬海峡のほとんどは重なるイメージとなる。古代においては、特に境界など存在しなかった訳であるから、現代の国境ラインなどを意識しないほうが良い。

　私が玄界灘という名称に拘る理由は、私が福岡市の南に隣接する大野城市の育ちであることと関係している。波静かで穏やかな博多湾とは対照的に、その沖には文字通り青黒い色をした荒れ海で知られる玄界灘があった。そして、さらに玄界灘の向こうにはまだ見ぬ外の世界を否応なく常に意識させられるような環境にあった。

　大野城の市名の由来は、白村江の戦い後に築かれた山城があることで大野城と言われている。市になる前は筑紫郡大野町であった。大野小学校の遠足で行った都府楼《とふろう》跡（大宰府政庁跡）には案内板があり、そこには白村江の海戦の絵があった。聞けば場所は朝鮮だという。そのように古くから外国まで戦争に出かけていたのか。驚くと同時に、何で又？と素朴な疑問が強く沸いたのをはっきりと記憶している。

　昭和二十年代、板付飛行場（現福岡空港）には米軍の軍用機が多数あり、朝鮮戦争当時はもちろん、休戦後も我が物顔で上空を飛び回っていたし、漁船が韓国に拿捕されたという第七管区海上保安本部ニュースがラジオでしょっちゅう流されていた。当然韓国との国交も無かった時代である。

　昔のことはともかく、二〇一七年の七月に「神宿る島　宗像・沖ノ島と関連遺産群」が世界遺産に登録されたことも、私の論考への意欲を一段と高めてくれたように思う。これを機に観光面だけでなく、読者の皆さまが古代への認識を新たに、そして玄界灘への理解を深めて頂ければ、大変有難いことだ。

玄界灘から見る古代日本　目次

発刊に寄せて　1
はじめに　2
古代日本を取り巻く海　10
海人族について　17
宗像と沖ノ島　24

第I部 「玄界灘」と航海　29

第1章 舟・船について　30

神津島の黒曜石と丸木舟による航海　30／日本列島への人類の渡来　34／丸木舟の出現　37／準構造船の出現　38／韓国の船体遺物　40／構造船と帆　43／中国における構造船　48

第2章 航海について　50

対馬海峡の海流と潮流　50／準構造船と対馬海峡の渡海ルート　52／小呂島バイパスルート　59

／港と船着き場　63／準構造船の実験航海　65／中国・朝鮮半島との通交ルート　69／瀬戸内海について　71／日本海ルートについて　73／青谷上寺地遺跡と集団虐殺　75

第Ⅱ部　「玄界灘」と対外関係史　79

第1章　使節団の往来と外交　80

奴国と伊都国の外交　80／邪馬台国とヤマト王権の成立　82／卑弥呼使節団のイメージ　85／倭の五王　90／高句麗・遣倭使　91／遣隋使（北路）　93／前期遣唐使（主に北路）　94／後期遣唐使　南路の時代　95／渤海使（渤海・遣日使と日本・遣渤海使）　100／新羅使（新羅・遣日使と日本・遣新羅使）　101

第2章　戦いの歴史　104

広開土王（好太王）碑文と半島派兵　104／栄山江流域の前方後円墳　107／任那（加耶諸国）の滅亡　112／筑紫の君・磐井戦争（内戦）　114／白村江の戦い（対唐・新羅戦）　119／朝鮮式山城の造営と大宰府羅城　123／壬申の乱と日本国・天皇の誕生　128

第Ⅲ部　「玄界灘」と文化の伝播　131

水田稲作文化の到来　弥生時代の始まり　132／金属文化（銅と鉄）の到来　弥生前期末～中期　136／新羅との通交と鉄入手　140／馬匹文化の受容と馬の海上輸送　142／騎馬民族征服王朝説　145／朝鮮半島の（列島製）木棺　147／棺材の運搬（渡海）について　148／日本列島の木の文化　150／卜骨と海上祭祀　153／舟葬について　154

第Ⅳ部　総括　155

主な引用・参考文献　159

おわりに　164

玄界灘から見る古代日本

古代日本を取り巻く海

地球の年齢は四十六億年だとされる。人類の出現は七百万年前だという。その中で我々現代人に直接つながる新人（ホモサピエンス）は、二十万年前のアフリカで出現し、ユーラシア大陸を経て、現在の日本列島に人類が居たという確実な証拠は約四万年前とされている。

出雲市の砂原遺跡から出た石器は十二万年前とする見方があり、そのほか四万年以上前とされる遺物も幾つかあるが、旧石器時代の年代推定には慎重論が根強いのが実情だ。その背景には、七十万年前まで大幅に遡上した石器が、実は多数人為的に埋められていたという、あの忌まわしい旧石器捏造事件のことを思い起こせば、慎重にならざるを得ない事情も分かるというものだ。

したがって、列島の地理的環境（海）がどのようであり、人々の渡来がどういう状況であったかは、四万年前をひとつの基準として考えるが、その前に現在の地理的環境を一度確認しておきたい。

特徴的なことは、黒潮（日本海流）と対馬海流という海流（暖流）が南の海から北上し列島を包み込むように流れていることだ。このことが、列島の気象に大きく作用すると共に船の航行に多大な影響を与えることになる。海流は主として太陽の熱と上空の風により生じ、これに地球の自転や地形が影響して海水が流れる現象を言う。

海流は川の流れと同様に一定方向に淀みなく進むものと考えられてきたが、実は最近の観測により、実際の海流には沢山の渦があり、その渦の移動の経過が流れであると見られるようになってきた。したがって、流れの方向は一定ではなく、常に変化しているので海流の流れや速さも、あくまで平均的なデータであることを理解しておかなければならない。

黒潮は千六百万年前に北上が始まり、八百万年前には日本海が誕生し日本列島の原形が形成された。その後今から八千～一万年前に対馬海流が黒潮から分離して日本海へ流出するようになった。このように対馬海流の形成はずっと新しい出来事だということに留意する必要がある。

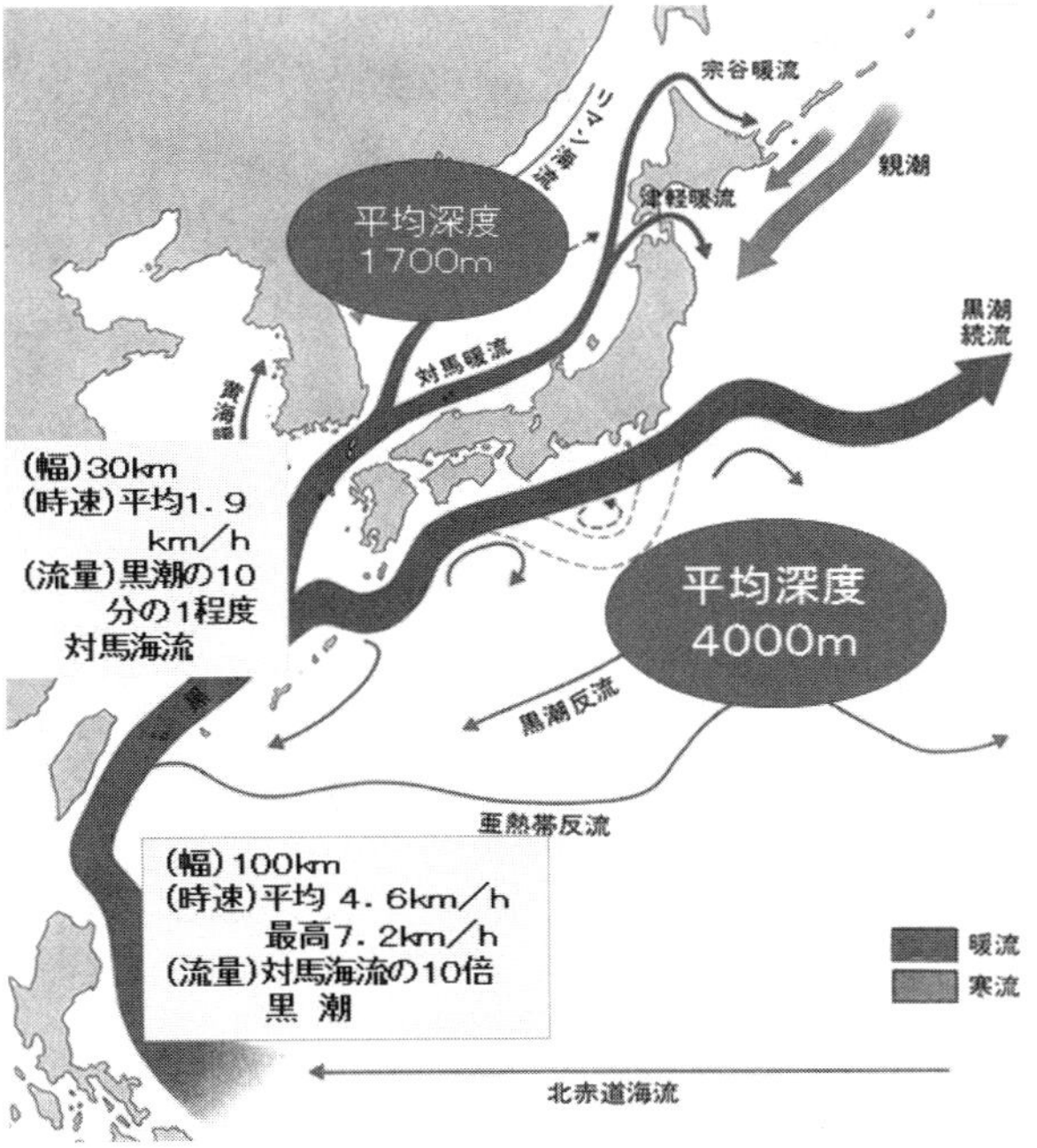

日本列島を取り巻く海　（コトバンクデジタル大辞泉「海流」に一部加筆）

海の流れには海流とは別に「潮汐《ちょうせき》流《りゅう》」というものがある。潮汐流は月と太陽の重力により、海面が上昇したり下降したりする現象をいう。

黒潮は日本海流の別名であるが、潮という表現をしていることから誤解を招きやすいが、あくまで海流であることに注意したい。

月の重力は太陽と比べるとずっと小さなものであるが、地球との距離が近いために潮汐に与える影響は太陽の二・四倍となる。潮汐流は一日に二回転流（上げ潮と下げ潮）を周期的に繰り返す。したがって、昼間に限れば約六時間ごとに一回の転流があることになる。このことは古代の航海が昼間の明るい時間帯に限られることに深く関わってくるのでご記憶願いたい。また、月に二回の新月と満月の時には大潮となる。

この天体力学的現象は難解であるが、現象面を理解するために、簡単な図をご覧いただきたい。人間

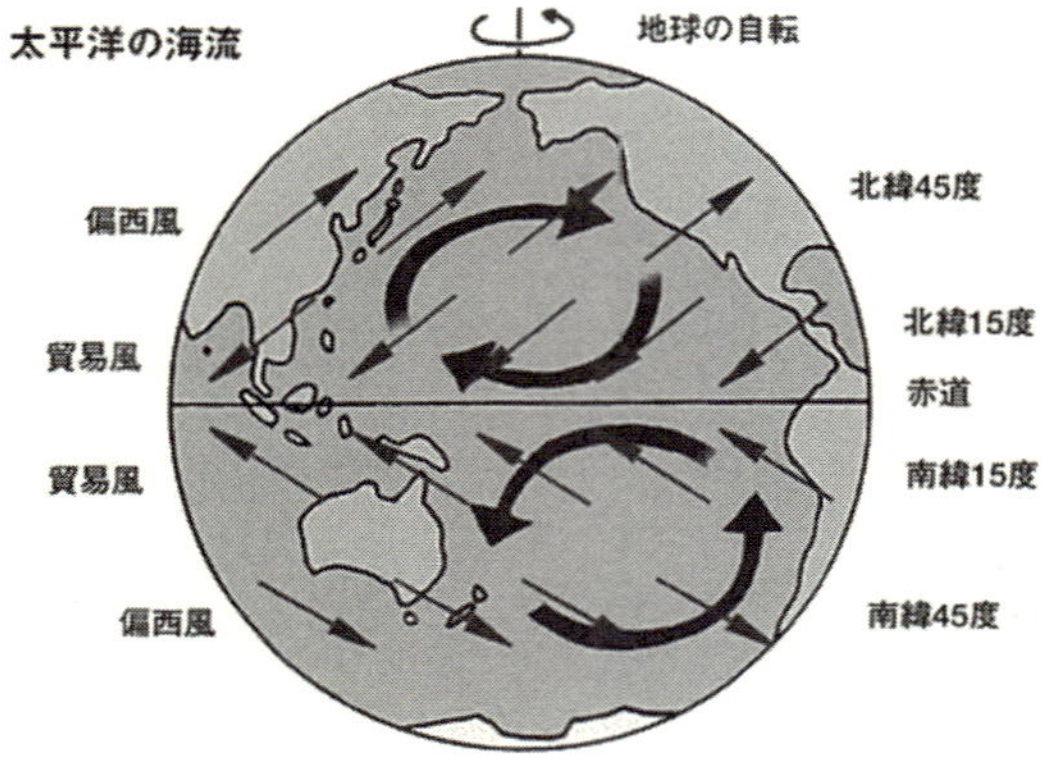

海流と地球環境　（日本海事広報協会）

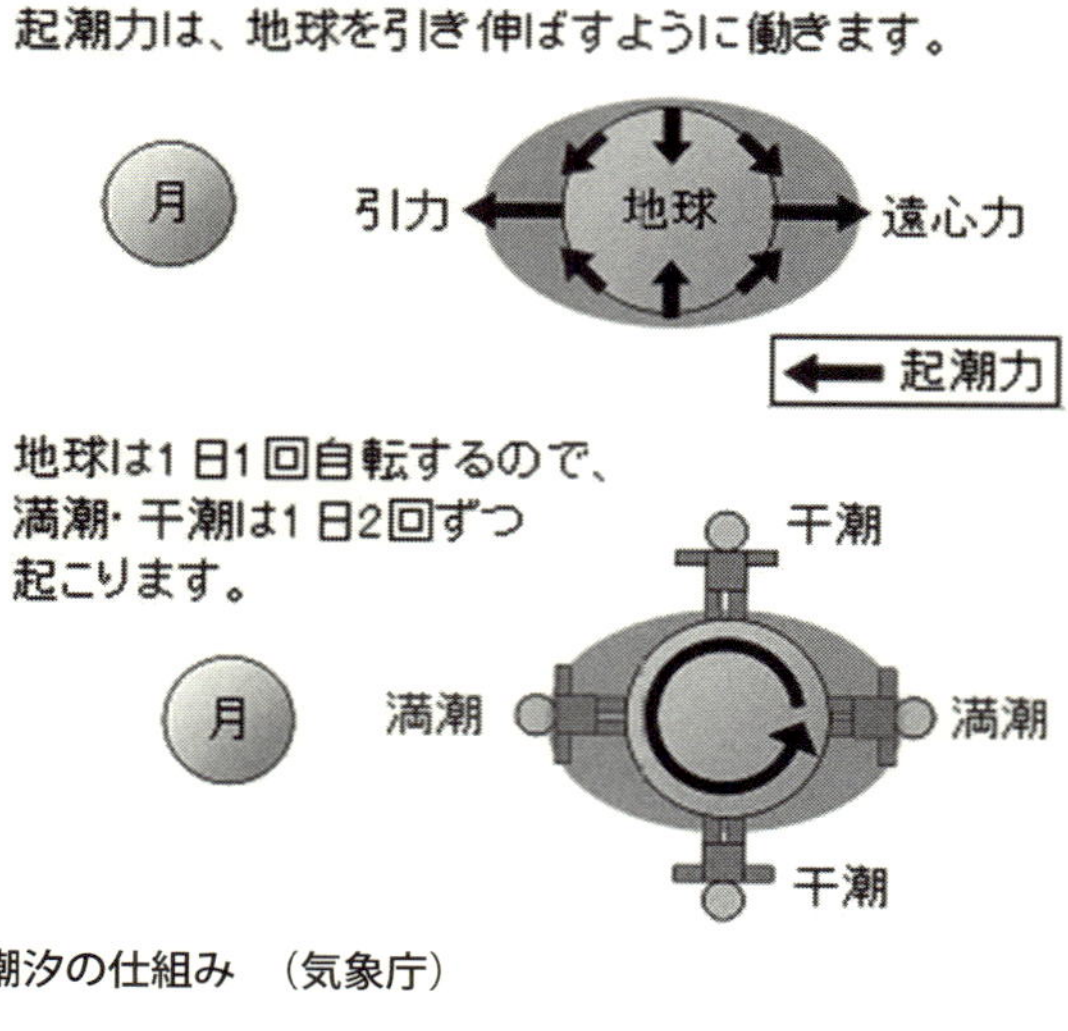

潮汐の仕組み　（気象庁）

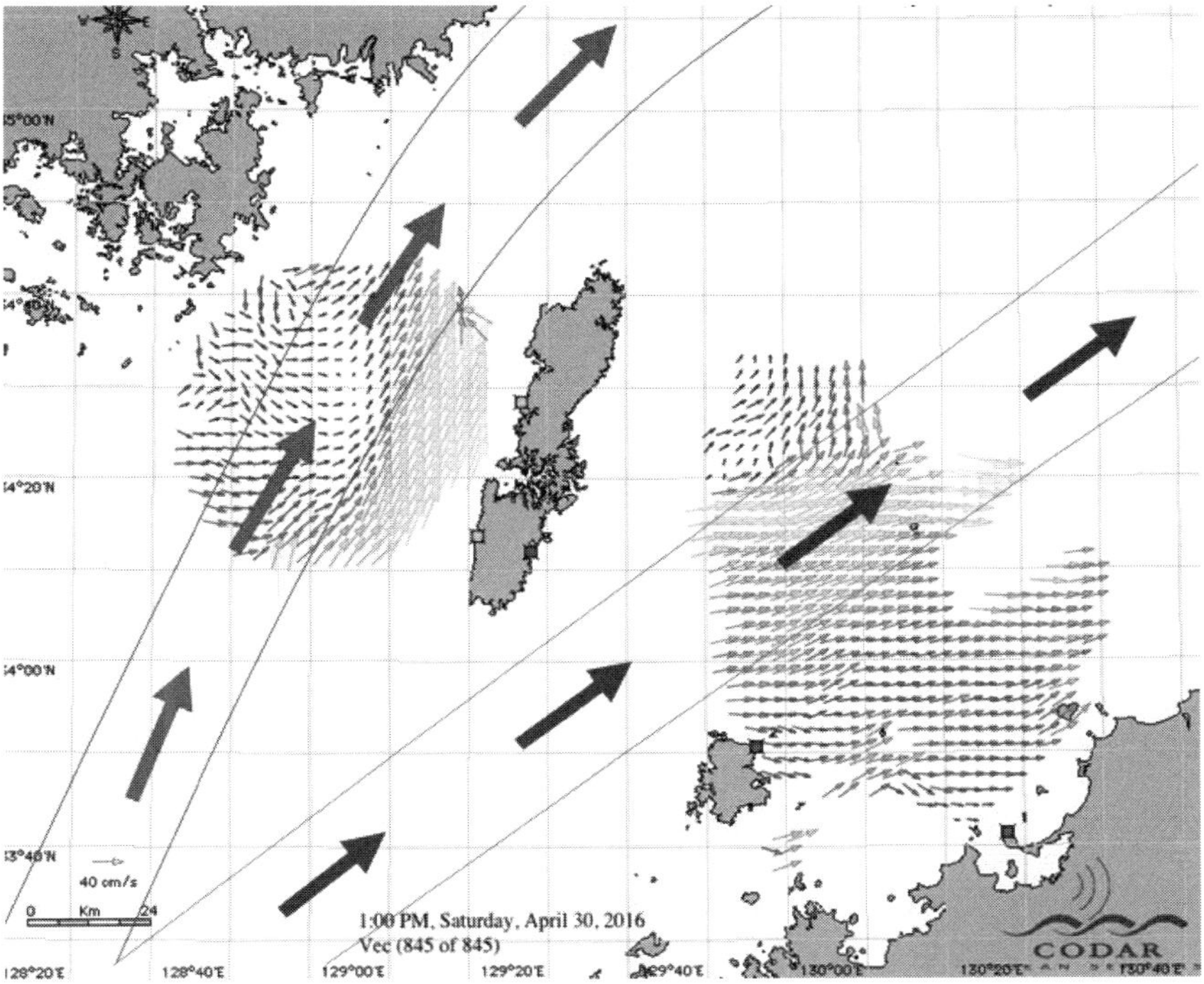

対馬海峡表層流況図（九州大学応用力学研究所）に一部加筆

の眼には海水の流れ（移動）として映ることになる。どこの海域でもこの現象は生じるが、当該海域の条件によって様相は全く異なり、複雑な流れを見せる。中でも、日本列島付近の海域は地形が変化に富み海岸線も複雑であることから、潮汐流の流れは古代の航海にとって最も注意警戒すべき現象であった。

本書の主要な舞台である玄界灘（対馬海峡）には、九州南方のトカラ列島付近で黒潮から分かれた対馬海流が南東から北西へと流れる。さらに、これに潮汐流の影響が加わり、対馬の南東海域と西海域に複雑な渦巻き状の流れを現出している。朝鮮半島と九州を隔てるこの海域を渡る人々にとって、この複雑な海水の流れを乗り切ることがまず要求されるのだ。現代の大きな船は、動力として強力なエンジンを備えており、海流や潮汐流などはほとんど意識せずに航行することが出来るが、人の力だけ（漕航）が頼りの小舟では、そうはいかない。地図を漫然と眺めて思索するだけではとうてい古代の航海を復元することは出来ないのだ。この海域の海のメカニズムについては「対馬海峡の海流と潮流」の項で詳しく説明することにしたい。

地球的規模で考えれば、回帰線より低緯度の赤道付近は年中一定の季節風が吹く地帯であり航海は比較的容易である。

しかし、回帰線より高緯度では、偏西風が吹く地帯となり、気候変動が大きくなるのだ。北半球の北回帰線（二十三度二十六分）は台湾を通っており、日本近海のほとんどは警戒海域となることに常に注意を払う必要がある。

一般にはあまり知られていないが、日本近海は外国の船乗り、特に世界の海を股にかけてロング・クルージングに挑むヨットマンからは、「ブラック・シー」と呼ばれ、恐れられるほどの危険度の高い海域なのだ。海流や潮流が強く複雑で天候変化が激しいために、そのように呼ばれて警戒海域とされているのだ。短時日のうちに時化《しけ》をもたらす複数の低気圧が、上空を通過するような変わり易い危険な海は他にあまりない。日本沿岸は年のうち半数近くが荒れ海となる、という事実をよく認識しておかなければならない。

このように、朝鮮半島と九州を結ぶ対馬海峡の約二百ｋｍを乗り切ることは大変困難な所業であることが分かるが、この海域には有難いことに途中に対馬、壱岐といった大きな島が存在しており、まさに天の采配の妙をも感じられるのである。

古代の航海について、人々に誤解を与えるような安易な推論をしてきた例を二つ挙げておきたい。日本中世史・日本海民史の網野善彦氏は「日本列島周辺の日本海や東シナ海は、まさしく湖といった内海であり、古代より多くの人や物が絶え間なくこの列島に出入りしていた。孤立した島国日本などは虚像に過ぎない。対馬海峡などは泳ぎが達者ならたやすく渡れる」と述べた（『「日本」とは何か』日本の歴史00　講談社）。「泳いで渡ることができる」などは妄想の域だと言わざるを得ない。

『海上の道』を著した民俗学者の柳田國男氏は「殷《いん》王朝など古代中国では貝貨や装飾用のタカラガイ（子安貝）を入手するために南西諸島（特に宮古島）へ人々が出かけた。それに伴い稲作がもたらされた」と考えた。伊良湖岬に漂着したココヤシの実と人々の移動・漂着を重ね合わせた結果の安易な推論である。

宮古島のある先島諸島は台湾に近いが、考古学的には台湾や大陸との交渉を裏付ける遺物は、あまり見つかっていないし、稲作の痕跡も無い。台湾に一番近い与那国島は百十㎞の距離であるが、ここには黒潮が滔々と流れており、往来は大変難しい。現に、南西諸島（日本列島）にはタカラガイが装飾品として尊重された形跡は一切存在しない。中国にもたらされたタカラガイは、中国大陸南海産かインド洋（モルディブ諸島）産である可能性が高いのである。

また、ポリネシアの民がカヌーを操って広大な海域に分布していった事実から、同じように海に囲まれた日本列島の古代人も、彼らと同様に沿海州から中国南部までの海域を自由に航海したはずだ、と考える人たちが実に多い。

言語学・考古学研究により、オーストロネシア語族は四千五百年前に台湾から南下した集団が、ミクロネシアからメラネシア、そしてポリネシアへ、さらに西へはインド洋を渡りマダガスカルまで、という驚くべき広範囲に拡散していったという説がある。

先に触れたように赤道から北・南回帰線の間の海域は年中一定の季節風が吹く安定した海である。また彼らは、アウトリガー（浮き木）やクラブクロウセイルといった横帆（ある程度の逆風でも前進可能）を発明し、さらにはダブルカヌー（双胴船）という積載力の大きい船体も開発した。

ただし、その分布地域の緯度を注意深く観察すると、まさに回帰線内であることが分かるのだ。

このように、海洋環境の面で有利だっただけでなく、彼らは造船技術や航海術といった技術力という面でも大変優れていたのであり、古代日本とはまったく比較にならない。彼我の優劣は明確である。この点、現在の文化的状況から見て当方こそ優秀であるはず、という日本人の思い上がりを感じられてならない。

さらにまた、遠く離れた二地点間に共通する遺物がひとつでも見つかれば、どれだけ離れていようとも即それが両地点間の交流の証だと安易に考える傾向が多いことも気になるところである。その発想に共通しているのは、古代の海は平和であり、人々は穏やかな海を自由に行き交い、何処にでも好きな所へ行き交易を行っていたというものである。航海の困難性や成功の裏に隠されているであろう、幾多の犠牲者のことなど全く眼中に無く、古代の世界は安全でユートピアそのものであったように夢想しているようだ。

海人族について

海人族とは

海人族は漁撈や製塩など海を生業《なりわい》とする民であるが、社会の発展によりその中から次第に海上輸送を専門的に行う集団が発生していったと考えられる。特に、玄界灘という外洋渡海を控えた九州北部沿岸地域や壱岐、対馬などの島嶼地域には、それぞれ海上運搬に従事した集団が存在していたであろう。

ここでは古代日本の海人族を代表する存在として、文献や地名によりある程度その活動状況が判明している阿曇《あずみ》（安曇）氏を中心に、その姿を辿ってみたい。

阿曇《あずみ》氏（安曇氏）

阿曇氏の発祥は筑前国糟屋《かすや》郡阿曇郷（現在の福岡市東区和白及び糟屋郡新宮町）とされ、現在志賀島《しかのしま》には始祖綿津見命《わたつみのみこと》を祀る志賀海《しかうみ》神社があり、宮司も阿曇氏を名乗っている。記紀によれば綿津見命は筑紫の日向の橘《たちばな》の小戸で伊邪那岐《いざなぎ》が禊《みそぎ》をした際に、墨江《すみのえ》（住吉）三神と共に上津綿津見《うわつわたつみ》、中津綿津見《なかつわたつみ》、底津綿津見《そこつわたつみ》という阿曇・三柱の神として誕生した。

志賀島は陸繋島《りくけいとう》であるが、古くは狭い海峡を隔てた島であった。玄界灘と博多湾を隔てる砂州は「海ノ中道」と呼ばれ、九州本土に繋がっている。天気の良い日に上空から眺めると、青黒く浪荒い玄界灘と波穏やかな薄緑色の博多湾との絶妙な対比には眼を奪われる。一族の根拠地は、この海ノ中道の付け根辺りにあり、志賀島は寄港地や積み荷集積所として重要だったと考えられる。

新宮町の沖合八㎞には相島《あいのしま》という三日月形をした島がある。この島は志賀島から宗像方面への海路途上に位置する。万葉集や日本書紀にも「阿恵島」として知られているが、ここの若宮神社は豊玉姫と玉依姫を御祭神としており、やはり阿曇氏との深い関わりを持つ海人族の海上交通拠点だったのだろう。この島には四世紀から七世紀にかけての積石塚群（二百五十四基）が海岸砂丘上に造られており、古墳時代の海の民としての活躍を偲ぶことができる。後世には朝鮮出兵の折りに秀吉が戦勝祈願をしたことがあり、江戸期には黒田藩の朝鮮通信使客館が設けられていたことでも知られる。

和名抄などに見られる「海部《あまべ》」という郷名は阿曇との関わりが深いとされるが、隣接する怡土《いと》（伊都）、那珂、宗像にも海部郷はあった。おそらく、周辺部一帯には分家筋に当たる海民集団が分散割拠していたのであろう。彼らは漁撈や海運のほかに農耕なども行い、半農半漁が生活スタイルの基本だったと考えられる。

阿曇氏は記紀にも度々登場する。応神紀には、安曇連の祖大海宿祢《おおはますくね》は各地の海人を平定し、海部の宰《みこともち》に任命されたとある。

神功皇后、応神天皇と関係の深い敦賀《つるが》・気比《けひ》神宮は武内宿祢《たけのうちすくね》が安曇連に命じて祀らせたとあるのも興味深い。履中《りちゅう》紀には住吉仲《すみのえのなかつ》皇子《みこ》のクーデタ時に関与した阿曇蓮浜子という名が見え、一族が畿内難波の地でも活躍していた姿が窺える。

万葉歌にも度々歌われている。

『ちはやぶる金《かね》の岬を過ぎぬとも吾は忘れじ志賀の皇神《すめがみ》』

波浪の荒い恐ろしい鐘ノ岬をどうやら無事に通り過ぎたけれど私は忘れまい、海の守護神である志賀の神様をと解される。宗像の岬の鐘崎と相対する地《ぢ》の島の間（二海里弱）は、潮の流れが速く暗礁が多いため、古代から現在に至るまで遭難事故が多いことで知られている。この歌からは玄界灘を西から東へ航路をとったことがわかるが、宗像沖の海域であるにも拘《かか》わらず、志賀神に対する尊崇の念が高かったことに注目される。また、当時の航海というものが沖合に出ることなく、沿岸を縫うように航行したことを示している。

また、同じ万葉歌に「志賀の白水郎《あま》の歌」十首というものがあるが、その中に対馬に糧食を届けるという大宰府の命を受けた宗形部津麿《むねかたべつまろ》が体調を崩し、志賀の白水郎・荒雄に梅師《かじとり》の代役を頼んだという話がある。大役を引き受けた荒雄が、肥前松浦県の美禰良久《みねらく》（五島・福江島）から発船して一直線に対馬へ向かったが、途中暴風雨に遭い、とうとう海中に沈み、死んでしまうという悲劇的な話である。この場合、発船地が五島ということで疑問が残るが、おそらく何か糧食の調達を五島で行ったのであろう。そして、この話から察すると志賀と宗像の両海人族は日頃から海の仲間として固い絆があったことがわかる。

京都の石清水八幡宮は、安曇磯良《あずみのいそら》を志賀大明神として祀っており、創建以来安曇氏が祭祀を司っている。磯良は海草や牡蠣《かき》が顔に貼り付いた醜い顔をしていたとされるが、志賀海神社の社伝によると、神功皇后の三韓出兵の折りには干満の珠を皇后に献じて協力したという。丹後・宮津の籠《この》神社にある国宝

「海部氏系図」には、始祖「彦火明命《ひこほあかりのみこと》」に始まる社家・海部氏の系図が残されている。火明命は天孫族である。

七世紀中頃に外交や軍事面で活躍した安曇比羅夫《あずみのひらふ》と言う人物が居た。彼は、六六一年に前年に滅亡した百済復興のための救援軍の将軍に任ぜられる。六六二年には、人質として倭国に滞在していた百済の王子・豊璋《ほうしょう》を兵士五千人、軍船百七十隻で護衛し送還する。六六三年の白村江の戦いにおいて、唐水軍に敗北し、戦死したとされる。

阿曇族と宗像族の東への動き（東漸）は平安時代の初期の新撰姓氏録《しんせんしょうじろく》に阿曇系七氏、宗形系二氏が確認されるが、「海部」や「阿曇」（安曇、厚見、渥美、熱海などを含む）という地名を辿るとその移動先は驚くほど広範囲に見つけることが出来る。詳細は省くが、出雲、讃岐、因幡、但馬、丹後、吉備、紀伊、近江などに多くの痕跡を見つけることができる。

安曇野には穂高神社の御船祭り（山車）があり、河川を遡り山中に居所を定めた一派があったことは興味深いところである。海の民がなぜヤマへ入ったか、という問題は、鉱山開発にあるのではないかと考え調べてみたところ、当地には堀金《ほりがね》という地名が遺っており、これが金属採掘に関係する可能性を示しているのではないかと思われる。

一方、奈良・吉野には丹生《にう》川上神社（三社）があり、ここで丹砂《たんさ》（辰砂《しんしゃ》とも言い硫化水銀のこと）を産出したことが知られている。丹《たん》（朱）は、日本では縄文早期から土器の顔料や漆混材料として使われてきたが、その鮮やかな赤色から血や生命の象徴と考えられたようで、弥生時代から葬送儀礼に使用されてきた。

吉野には、海部の峯寺の隣地に志賀《しが》や那珂郷などの地名が遺っており、安曇族の色濃い地域である。龍門寺の安曇《あつみ》仙人伝承も興味深いところだ。

さらに、吉野川が西流して和歌山に入ると紀の川と名前を変える。そしてこの流域一帯にも海部郷、伊都郡などの地名が遺っている。このような状況から察すると、紀の川―吉野川を遡り、水銀鉱脈開発に携わった安曇海人の姿が浮かび上がってくる。

このように、安曇氏一族は本拠の九州・安曇郷から東へと広範囲に移動した姿が浮かび上がる。もちろん長距離移動に欠かせない海上航路に携わる集団としての存在や役割が大きかったことは容易に推察されるが、それに加えて先進文物を普及させる担い手として、ヤマト王権の誕生と発展に重要な役割を果たしたことも想定されるのである。

律令制の下では宮内庁に属する内膳司《ないぜんし》（天皇の食事の調理を司る）の長官として務め、古来神に供される海産物の供えを役割としていた。

宗像氏と住吉氏

宗像氏（胸形、胸肩、宗形とも）の本拠は玄界灘に面した神湊《こうのみなと》から鐘崎《かねざき》あたりだとされる。先述したように、安曇氏の本拠の東に隣接し分家的存在であったと推察される。

祭神の三女神に関しては記紀の記述に相違が見られるが、社伝によれば田心《たごり》姫は沖ノ島の沖津宮で、湍津姫《たぎつ》は大島の中津宮で、市杵島姫《いちきしま》は宗像大社の辺津宮《へつ》で、それぞれ祀られている。この三女神誕生は天照大神と素戔嗚《すさのお》の誓約《うけい》によって素戔嗚の佩《は》いた十拳《とつか》の剣により出生したという。安芸の宮島の厳島《いつくしま》神社は、この三女神を祀っているが、「いつくしま」は「いちきしま姫」の転化であろう。

時代は降るが、江戸期には、異国船警備のために沖ノ島にも防人《さきもり》として足軽を配置した。防人日記や筑前国続風土記の記録によると、沖ノ島、大島、宗像の宮にはそれぞれ皆志賀の神を祭っていたことが分かり、ここでも安曇族と宗像族の親密さを窺わせている。

『奥津島（沖ノ島）に渡った者は、まず海水に浴し、正三位の社（海辺にある小社でご祭神は志賀神）に詣で、七日の間、毎日一度は詣でる。その後八日目になって初めて本社に詣でる』とある。また、黒田藩の沖ノ島御番（防人）に赴く役人が島渡りに難渋する様子もリアルに描かれている。江戸期には大島や鐘崎の漁師達は沖ノ島に小屋を造り、近海で漁をしていたという。

金関丈夫は「むなかた」は胸の入墨で「ツツ＝龍蛇神」ではないかという。台湾原住民の賽夏《サイシャット》族は胸に複数の横棒の入墨を施していたことが確認されている。その横棒は首狩りした数を表しているという。この類例から直ちに宗像族と台湾とを結びつけることは躊躇《ためら》われるが、台湾原住民自体大陸からの渡来だったことを考えれば、中国南部から東南アジアの習俗として広く考えることも妥当ではなかろうか。この入墨について阿曇族は阿曇目として目のところへ、豊後の尾形族は尻（尾）へとその部位は異なっている。

さらに、出雲との関係も深いことが伝わっている。古事記には、大国主命は胸形の奥津宮にいます神、多紀理毘売命《たぎりびめのみこと》を娶ったとあり、新撰姓氏録には宗像朝臣、宗形君は大国主命の子孫とされている。宗像氏の支配する海域と出雲など日本海地域との密接な交流を示しているものであろう。

一方、住吉三神（上筒男神《うわつつお》・中筒男神《なかつつお》・底筒男神《そこつつお》）は、伊邪那岐《いざなき》の禊の際に安曇族の綿津見三神と同時に生まれたとされるが、どうも取ってつけたような不自然さが残る。

また、住吉神を祀る三大社（下関、博多、大阪）のうち、今では一般的に大阪市住吉区の社が総本社として位置づけられているが、これにも疑問が残る。博多の社は旧那珂郡の那珂川河口付近にある。ここには海部という旧地名も確認されており、現在でも摂社として志賀神社があり綿津見三神を祀っている。どうやら阿曇族の一派としての存在は間違いないようである。

ところが、大阪の方は後世、おそらくは五世紀頃からのヤマト王権の海外進出と絡んで、本拠であり出航地の難波の地に、新たに住吉神を航海守護神として祀り上げたことが想定される。神功皇后の三韓出兵の際に住吉の神からのご託宣があったという説話からも、そのことが窺われるのである。

要は大阪の住吉の地を念頭に神語りを創作し、博多から、その神威を簒奪したことが推察されるのだ。やがて六世紀頃には、摂津の津守氏が住吉大社宮司となり、後に遣唐使船などの国家的航海安全祭祀を執り行うことになる。

宗像と沖ノ島

沖ノ島は九州本土から六十km離れた玄界灘に浮かぶ周囲約四kmの小さな孤島である。四世紀後半から九世紀代にかけての祭祀遺跡があり、中国系や半島系の貴重な遺物が多く見られ、「海の正倉院」とも評される。

「海北道中《うみのきたのみちなか》」との日本書紀の記述から、従来、壱岐・対馬を経由しない沖ノ島経由の九州～朝鮮半島ルートの存在が想定されてきた。

しかし、「近年の調査によっても、島内には港と想定されるような遺構は発見されていない（西谷正・九州大学名誉教授）」、また、「小規模な港があったとしても、その機能は緊急避難程度のものであったろう（禹在柄・忠南大学校教授）」という指摘がある。

私は、従来からこの玄界灘直行ルートというものを懐疑的に見てきたが、このような近年の沖ノ島関係の知見の増加により、沖ノ島は、直行ルートの中継地ではなく、あくまで非常用・緊急用の港としての役割に過ぎず、通常は壱岐・対馬在来ルートを利用したとの考えを強くしている。

沖ノ島と九州本土の間、つまり対馬海峡東水道には、対馬南端から東の海域付近に渦が出現し、徐々に大きくなりながら北東方向へ移流することが分かっている。特に、航海に適した六月から十一月の間には、強い左巻きの渦が頻発する。宗像あたりから、この複雑な流れを乗り切り六十kmという長距離を航海することは、大変な難事業である。さらに、沖ノ島と対馬の間は最短でも七十五㎞もあり、海流に逆らいながら、これを乗り切ることは不可能とは言わないまでも、大きな危険性を伴う。外交や交易など平時の航海において、わざわざ命の危険を冒してまで危ないルートを取る必要は全くない。主要な航海ルートは古くからの壱岐・対馬経由の道だったはずである。五世紀代の倭の五王の南朝遣使、後世の遣隋使、遣唐使（北路）、遣新羅使の航海ルートも同様であった。この海域の具体的な渡海ルートについては後述することにしたい。

しかしながら、沖ノ島祭祀遺跡は古代史の上では、大変重要な意味を持っている。

なぜ、このような孤島で航海の安全や戦勝祈願などが国家的規模で行われたのであろうか。

祭祀遺跡は四世紀後半に始まる。これはヤマト王権の国家的事業であるが、それ以前はこの海域を支配していた豪族・宗像一族の祭祀の場であった。数こそ少ないが、縄文前期の曽畑式土器や、弥生中期の弥生土器と共に朝鮮無文土器が出土していることからも、宗像あたりの海人族からは古くから知られていた様子がわかる。おそらく、壱岐や九州北西部の玄界灘沿岸あたりの海域で遭難・漂流した舟が海流に流され、そのうち運よく沖ノ島に辿り着いて助かった例が多々あったのであろう。このようなことが語り伝えられているうちに、救命・救難の海神として、宗像沿岸の人々の信仰となっていった可能性がある。この様な例は、日本のみならず世界各地の島々における神祀りの事例として多く見られるのである。この島の海岸近くには、数か所の湧き水もあり、緊急時には何とか持ちこたえられるであろうが、元々海底岩盤の隆起によってできた堆積岩と火山岩からなる島であり、定住生活を営む地としては不向きである。

古くから朝鮮半島との航海ルートを支配していたのは、魏志倭人伝に出てくる末盧《まつろ》（唐津）、伊都《いと》（糸島）、奴《な》（福岡・春日）、不弥《ふみ》（糟屋）などの玄界灘に面した北西部地域の首長や、航路上にある壱岐や対馬の首長であった。列島各地への航路は、全て九州北部を起点として瀬戸内や日本海など各地へ通じていたのである。

宗像は、その航海ルートの途上にある要衝の地である。弥生時代前期終わり頃から中期前半にかけての集落跡と区画墓で知られる田熊石畑《たぐまいしはたけ》遺跡からは、多数の武器型青銅器が出土しており、ここが古くから開けた土地柄だったことがわかる。

西谷正氏によれば、「一人の墓から銅剣（四）銅戈（一）が出たことは相当な有力首長の存在を裏付ける。また四、五、八号墓は未調査であるが、レーダー探査によって金属反応があったので、更に銅製品が増える可能性がある」とのことである。

ヤマト王権の立場からすると、三世紀代の連合王権の基盤造りの時期を経て、四世紀を迎えて始まった朝鮮半島南部との交渉において、その大事な通交ルートが旧来の九州・玄界灘勢力に全て握られている状況は好ましいものではなかった。そのため、宗像勢力を抱き込んで独自の新しい航海ルートを開拓するという動きに出たものであろう。ただ、この場合でも直接武力に訴えることはせず、宗像のほか、壱岐や対馬の一部豪族を巻き込んでのなし崩し的なルート争奪戦を継続的に展開したものと考えられる。この様な状況は、朝鮮半島における倭系遺物からもわかる。三世紀までの良洞里遺跡などの倭系遺物は、小型仿製鏡や中広形銅矛など、弥生後期の北部九州で製作されたものが多かったが、四世紀に入ると大成洞古墳や福泉洞遺跡の墳墓群から巴形銅器や碧玉製石製品、筒型銅器など、いずれも畿内・ヤマトを中心に分布しているものが出土するようになる。やがて、四世紀末になると、畿内各地からは朝鮮半島からの搬入土器が多種多量に認められることになる。この時初めて、畿内勢力が半島との交流面で主導権を握り始めたことが読み取れるのである。

第Ⅰ部　「玄界灘」と航海

第1章　舟・船について

神津《こうづ》島の黒曜石と丸木舟による航海

近年の考古学知見によって、伊豆諸島・神津島の黒曜石が三万七千五百年前に遡る遺跡から発見されたという驚くべき事実がある（愛鷹《あしたか》山山麓・静岡・沼津市の井出丸山遺跡）。国立科学博物館の海部陽介氏によれば、これは世界史上最古の往復渡海の証拠だとする大変重要な指摘がある。人類最古の航海の証拠は四万七千年前のインドネシアからオーストラリア、ニューギニアへの移動だとされるが（注1参照）、神津島の例は明らかに戻るという意志のもとに行われた往復航海であったことが重要な意味を持つということである。三万八千年前の旧石器時代に海を越え対馬経由で渡来した人々はそれほど時を経ずして、この地に至り、太平洋に乗り出し黒曜石を獲得していたのだ。はたしてその航海にはどのような乗り物が利用されており、どのような経路を取ったのであろうか。

図１　神津島・恩馳島産の黒曜石

日本最古の丸木舟出土例は、縄文早期（七千五百年前）の市川市・雷下《かみなりした》遺跡から出土したムクの木の遺物である。ちなみに世界で最古の丸木舟（馬尾松製）は、中国浙江省の跨湖橋《ここきょう》遺跡の八千年前のものとされている。これらの最古級の遺物（丸木舟）でも神津島の場合とは約三万年の開きがある。そうすると、竹や木で組んだ筏、もしくは葦船の類であったろうか。いずれにしても日本列島のような酸性土壌においては植物由来のものは腐食・分解されて遺物は残りにくい。今、発掘により出て来るものは殆どが低湿地にあり地下水が豊富だったり、水分を多く含んだ粘土層中にあったりして、空気（酸素）に触れずに保存された特殊な例であると言っていい。

それでは、丸木舟であった可能性はないであろうか。問題は丸木舟を造るに適した木材が得られるか、さらに、木を伐り出し、加工できる石器があったかどうか、である。

最終氷期（ヴュルム氷期）の中頃（六〜二万年前）には寒冷、乾燥気候となりスギは衰退してナラ類

図２　日本最古の丸木舟　（千葉県埋蔵文化財センター）

図３　局部磨製石斧　（府中市郷土の森博物館蔵）

やハンノキ、カバノキなどの冷温帯性落葉広葉樹とトウヒ、カラマツなどの針葉樹の混在する森林が成立した。この中で丸木舟を造るに足る大木を挙げると、トウヒ、カラマツが有力候補となる。

次に石器であるが、この時期（後期旧石器時代）の日本列島には世界最古級といわれる刃先に磨きをかけた局部（刃部）磨製石器が登場している。列島各地から二百カ所以上で約九百点が出土しているが、関東では武蔵野台地の関東ローム層から出土する。この石器は狩猟や解体、土掘りなどの他、木の伐採や切断にも威力を発揮したに違いない。また、手斧《ちょうな》が多いことから見て、木材の彫りくぼめ加工に適した工具が既に存在していた。

丸木舟を造ることは十分可能であったと推察できる。関東に於いて石斧に利用された石材は、蛇紋岩や緑色凝灰岩もあるが、その強度（靭性、硬度）から見て、輝緑岩や透閃石岩ホルンフェルス（マグマの熱による変成岩）が加工具として適材であったと考えられる。

ある目的を持った航海の場合には、当然ある程度のスピードが要求される。夜間の航行は不可能であるから、日中の明るい間に、海流や潮汐流を乗り切って目的地に到達する必要があるからだ。筏については安定性こそあるものの、丸木舟のようなスピードは出ないので長距離航海には適さない。
丸木舟のスピードは海事史研究の各種データや「からむし二世号」の実験航海が参考となる。からむし二世号は一九八二年に隠岐の島から島根半島の五十六kmを十二時間四十三分で乗り切った。時速は四・四km（二・三八ノット）である。（注2参照）
丸木舟の長さは八・二m、幅は〇・六四m、漕ぎ手は五名で交代制を採った。

神津島は伊豆半島の南端からは、この時代でも三十八kmあったとされるが、からむし二世号のデータを参考にすると、八時間三十八分で到達という計算になる。ただ幸いなことに、この海域には伊豆諸島が南北に連なっているので、危険性の大きい伊豆半島との直接往復コースではなく、伊豆半島―伊豆大島―利島―新島―神津島という島伝い往復コースをとったであろう。このルートであれば島々の距離は短いし、伊豆半島と大島の距離も二十六kmである。二十六kmを時速四km（二・一六ノット）で進めば六時間三十分で到達できる。この二時間の差は大きいし、海流に流される危険性も少ない。古代人は伊豆半島直行ルートではなく、あえて無理をせずに安全なルートを往復航海したに違いない。

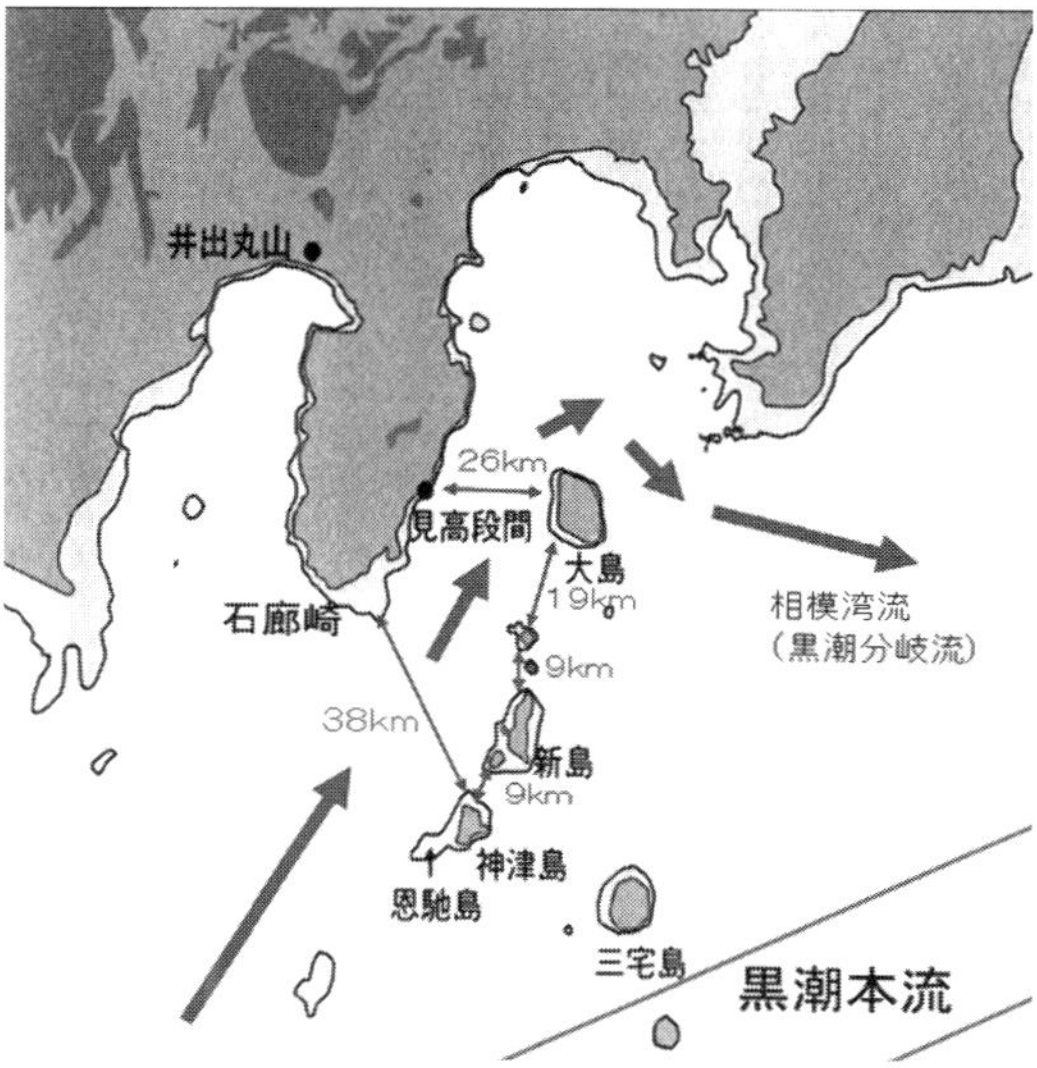

図４　神津島航海ルート　（『日本人はどこから来たのか』（文藝春秋・海部陽介）より一部改変）

また、この海域の状況を考えると、海流の影響を無視することはできない。黒潮本流は神津島の南東にある三宅島以南を流れることが多いが、長期的に見ると大蛇行など大きく流れが変動することが知られている。神津島付近も時に黒潮に洗われた時期もあったであろう。さらに、相模湾流という黒潮から分岐した流れが大島を廻り込むように流れることが知られている。黒潮本流ほど強くはないので、外海よりも相模湾寄りの内海での航海の方がより安全であることは間違いない。

なお、神津島の南西五・八㎞の海域に浮かぶ無人島の恩馳島《おんばせ》（岩礁）は、良質の黒曜石を産出することで知られているが、この当時（旧石器時代）は本島（神津島）と陸続きとなっていた。露頭した黒曜石の採掘自体は容易だったのである。

日本列島への人類の渡来

神津島産の黒曜石が運ばれた時代から時計の針を少し戻して、人類が初めてこの日本列島へ足を踏み入れた時代のことを考えて見たい。列島への人類の登場は、石器や遺跡から見て三万八千年前頃と考えられ、しかも、その最古のルートは古本州島における遺跡の分布状況から見て玄界灘を越えてやって来たものと推定されている。

当時の対馬海峡は対馬の南北にそれぞれ四十㎞程度の海峡があったと見られている（この時期には未だ対馬海流は存在しない）。

古本州島（九州）には南方系の素朴な礫器《れっき》・剥片器《はくへんき》文化が、三万年前とされる北方系の石刃文化より一足先に入っている。彼らは間もなく局部磨製石斧や台形様石器といった独自の石器を生み出す。特に石斧の類は、木の伐採や加工に大きな威力を発揮し、丸木舟の出現に繋がる重要な意味を持つことは、神津島の黒曜石のところで触れた通りである。

それでは最初に渡来して来た人々のルーツは何処であり、どのような舟に乗って対馬海峡を越えてきたのであろうか。当時の海面は現在より八十mほど下がっており、東シナ海や黄海の海岸線は今より陸地が大きく拡がっていた。大陸南方より海岸伝いに北上して来た人々は朝鮮半島南岸までやって来て、それほど時を経ずして海に乗り出して来たものだろう。考古学的な彼らの痕跡は、今や海底に眠ったままであり、残念ながらその足跡を辿ることは出来ない。現在、判明している九州での最古の遺跡は熊本市の石の本遺跡（三万八千年前）である。

朝鮮半島における旧石器時代の遺物には南方系の石器は確認されていない。北方系の石刃文化系の剥片尖頭器など狩猟用の石器はあるものの石斧は出ていない。

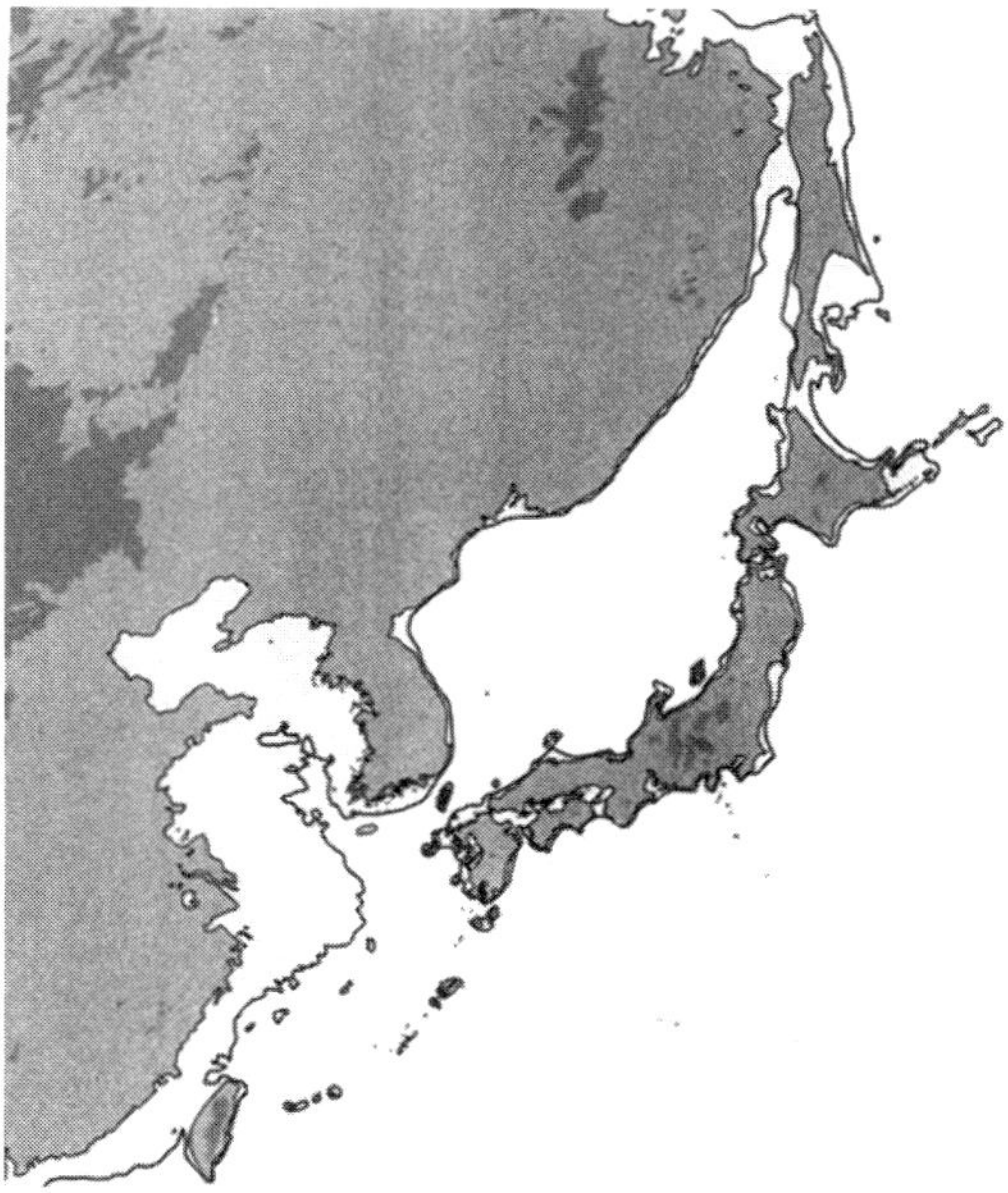

図５　３万８千年前の日本列島（『日本人はどこから来たのか』より）

半島にはハンノキなどの大木はあったと見られるが、いずれにしても石斧が無いことから、丸木舟の建造は難しいであろう。考えられるのは小木を束ねた筏舟である。筏では速度が出ない上に操縦性にも難があるが、幸い両岸の的（陸地）は大きいので、何とか浅い海を渡ることは出来たのではないかと考えられる。

約二万年前の最終氷期最寒冷期（ヴュルム氷期）になると、平均気温は現在より約七度低く、海水準（海面）は百十m程度下がり、玄界灘には広大な陸地（氷原）が広がっていた。対馬海峡も大幅に狭くなったが、依然として幅数キロ程度の浅い海は残っただろうと推測されている。つまり完全に陸化されることは無かったようだ。このことは海底地質調査によって、日本海に流入する海水の量がきわめて少なくなり、海底堆積物に縞状遺構として残されていたという事実から確認されている。

この頃に海峡を渡って伝わったと考えられる遺物が剥片尖頭器《はくへんせんとうき》と呼ばれる槍の先に付ける石器である。この石器は朝鮮半島と九州を中心に出土し、当時の人々の行き来を示している。

それでは何故、古い時期の丸木舟遺物が少ないのかという疑問をお持ちの方もあるであろう。丸木刳り舟は木を刳りぬいて造っただけで接合部が無い。その分強度は高く耐久性もあったはずだが、老朽化により廃船となった場合でも建造物や工作物の部材として再利用されたはずである。ボロボロとなっても燃料としては十分使えるのだ。後世の準構造船となった丸木舟は井戸枠や水路（溝）の構築物として再利用されて残り、発掘されたケースがいくつかある。

旧石器時代の舟が残る条件は厳しいだろうが、今後、時代を大幅に遡る丸木舟が発見されることを期待したいものだ。

【注1】二〇一七年八月、時事通信社の報道によれば、オーストラリア先住民（アボリジニ）の遺跡から出た石器や顔料に付着していた植物の実の年代測定によると、六・五万年前というデータが得られた。

【注2】ノットは一時間に一海里（千八百五十二m）進む、という速さの単位。

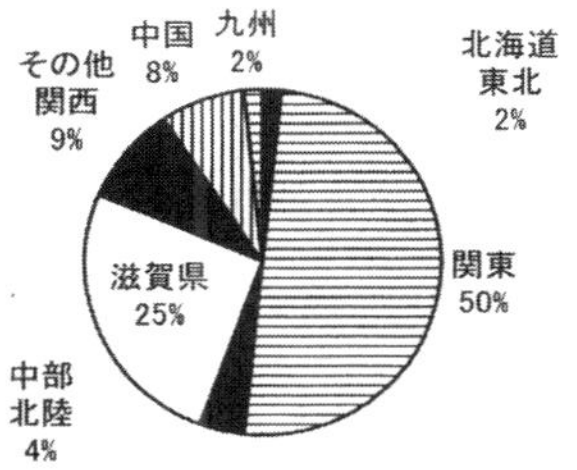

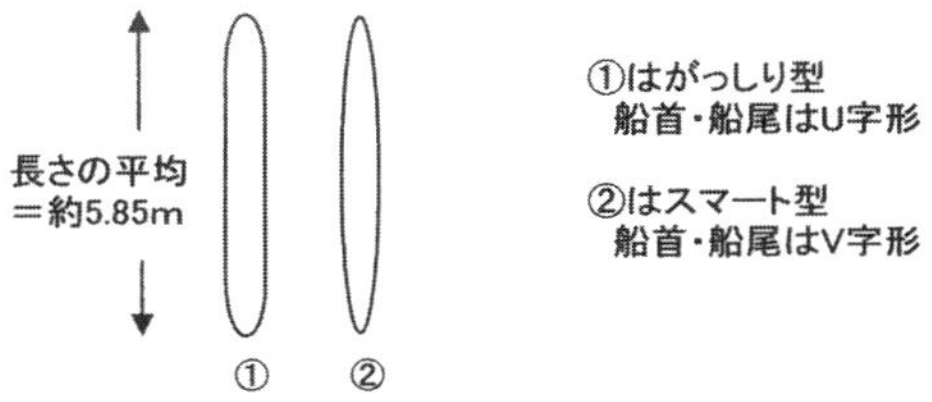

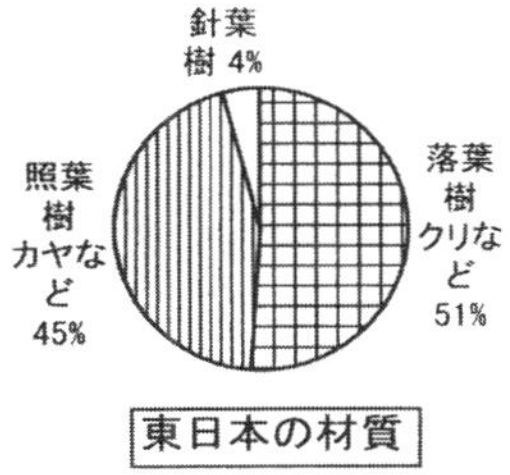

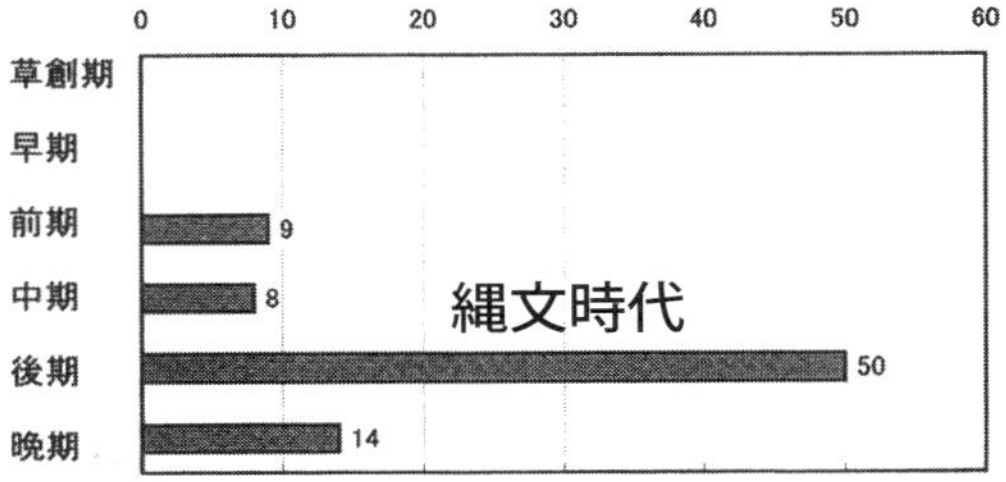

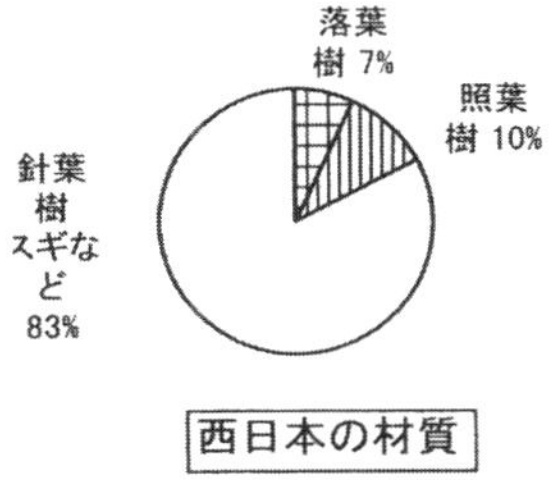

図６　地域ごとの出土数（上段・左）
図７　大きさと形（上段・右）
図８　材質とその地域的差異
東日本（中段・左）
図９　材質とその地域的差異
西日本（下段）
図10　出土の推移（中段・右）
「丸木舟の時代」縄文時代の丸木舟　（安土城考古博物館より）

丸木舟の出現

丸木舟とは木材を削って造るという技法に着目すれば、「刳《く》り舟」という学術的表現が適切だと思われるが、本書では一般的に使用されることの多い「丸木舟」と表現する。

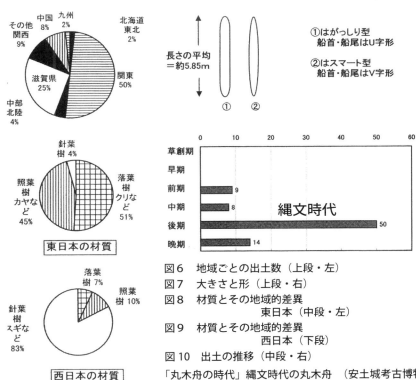

日本最古の丸木舟は七千五百年前のものである。縄文時代の丸木舟の出土例は後期（四千年年前）から急激に増えて八十艘余りが発見されている。

地域別では千葉県と滋賀県（琵琶湖周辺）が多い。樹種は東日本ではクリ、カヤ。西日本ではスギが多く利用されている。その後も丸木舟は使われ続け、縄文時代から奈良時代にかけて

図 11　準構造船単材式　(大阪府八尾市・久宝寺遺跡「弥生人の船」大阪府立弥生文化博物館より)

の舟体遺物は、総計で百九十一艘が見つかっている(「日本列島における原始・古代の船舶関係出土資料一覧」深澤芳樹)。

準構造船の出現

準構造船とは、丸木舟の舟体左右に舷側板(タナ)を、前後に竪板(波除板)を取り付けて耐航性(海水の浸入防止)の向上と積載力の向上を図ったもの。高さ一の舷側板を付加した場合、積載量は二・六倍になるという試算がある(『日本の船を復元する』学研プラス・石井謙治)。

出現時期については、弥生中期から末期までと見解が分かれているのが実情である。構造材の取り付けには鉄製工具の進歩と密接な関係があることは容易に推察されるが、建築物とは異なり耐水性の面で格段に精密さが要求される船の場合には特に鉄器のレベルが問われることとなる。

その意味で、列島内において鉄文化の最先端を誇っており、しかも渡海の必要性が最も切実に要求される九州北部において、最初の準構造船が建造されたであろう。私はその時期は国産鉄製工具類(板状

図 12　準構造船 複材式　（大阪市 鼬《いたちかわ》川出土「丸木舟」出口晶子法政大学出版会より）

鉄斧、袋状鉄斧、鉇《やりがんな》、刀子など）の器種増加と普及度から見て弥生後期（紀元前後）初頭辺りを想定している。

準構造船の最初は一本の丸木舟体に舷側板を取り付けて上への拡張を志向したもの（単材式）であったが、やがて舟体（丸木材）を複数前後に継いで船体を長くした（複材式）に発展する。当然、船体が長くなればその分積載力も向上するが、水中面に没する部分の部材継ぎという更に高度な木工技術が要求されるものであり、実際の出土遺物を勘案して、

図 13　潤地頭給遺跡から出土した準構造船 単材式（前原市文化財調査報告書第 89 集（2005 年）から転載）

その出現は古墳時代中期（五世紀頃）と推察する。これまでに発見された準構造船の部材は百四十七点である。推定される船体数は数十例となろう。

また、櫂による漕行（抵抗力推進）は当初はパドル（漕ぎ手は前向き）からオール（漕ぎ手は後向き）へと進化するが、櫂座（ピボット）を有する船形埴輪の出土例から推測すると、オールの出現は、これもやはり古墳時代中期（五世紀）あたりに一般化したものと想定される。

建造時期は弥生末期（二世紀末）とされるが、福岡県糸島市の潤地頭給《うるうぢとうきゅう》遺跡から出土した準構造船部材が、その構造をよく表している。これは、使用されなくなった船底部（スギ）や舷側板（スギ）、船尾部（クスノキ）を井戸枠材として転用したもので、舷側板を取り付ける箇所には、ほぞ穴（木栓）を通して結ぶ桜樹皮が残されていた。

韓国の船体遺物

韓国での古代舟（船）の出土状況は次の通りである。

①飛鳳里《ピボンリ》遺跡（慶尚南道昌寧郡）の丸木舟二艘

二〇〇五年、朝鮮半島では初の丸木舟が、洛東江支流沿いの内湾だったと見られる地より出土した。一号舟・七千七百年前、二号舟・六千百年前、いずれもマツ材使用。ＡＭＳによる炭素十四年代法により、使用された年代が測定された。次いで二〇一〇年、同地から櫂も発見された。

②蔚珍《ウルチン》・竹辺出土の丸木舟（慶尚北道・蔚珍郡・竹辺）

二〇一二年、韓国では二例目の丸木舟部材と櫂片が発掘された（三韓文化財研究所）。八千年前だとされている。木材はクスノキであった。

③金海《キメ》・鳳凰洞《ボンファンドン》遺跡出土の準構造船

二〇一二年に発掘され、四世紀・加耶の優秀な造船技術の証明だとして大々的に報道された。二年後に保存処理をしたところ、材質はクスノキとスギであることが判明した。また、楔《くさび》として使用されたスギは日本固有種であることも分かった。

これ以外に、慶尚南道昌寧市の松峴洞七号墳（五～六世紀）から出土した木棺は、材料が日本特有のコウヤマキであることから倭国製の準構造船の部材を転用したものと見られている。

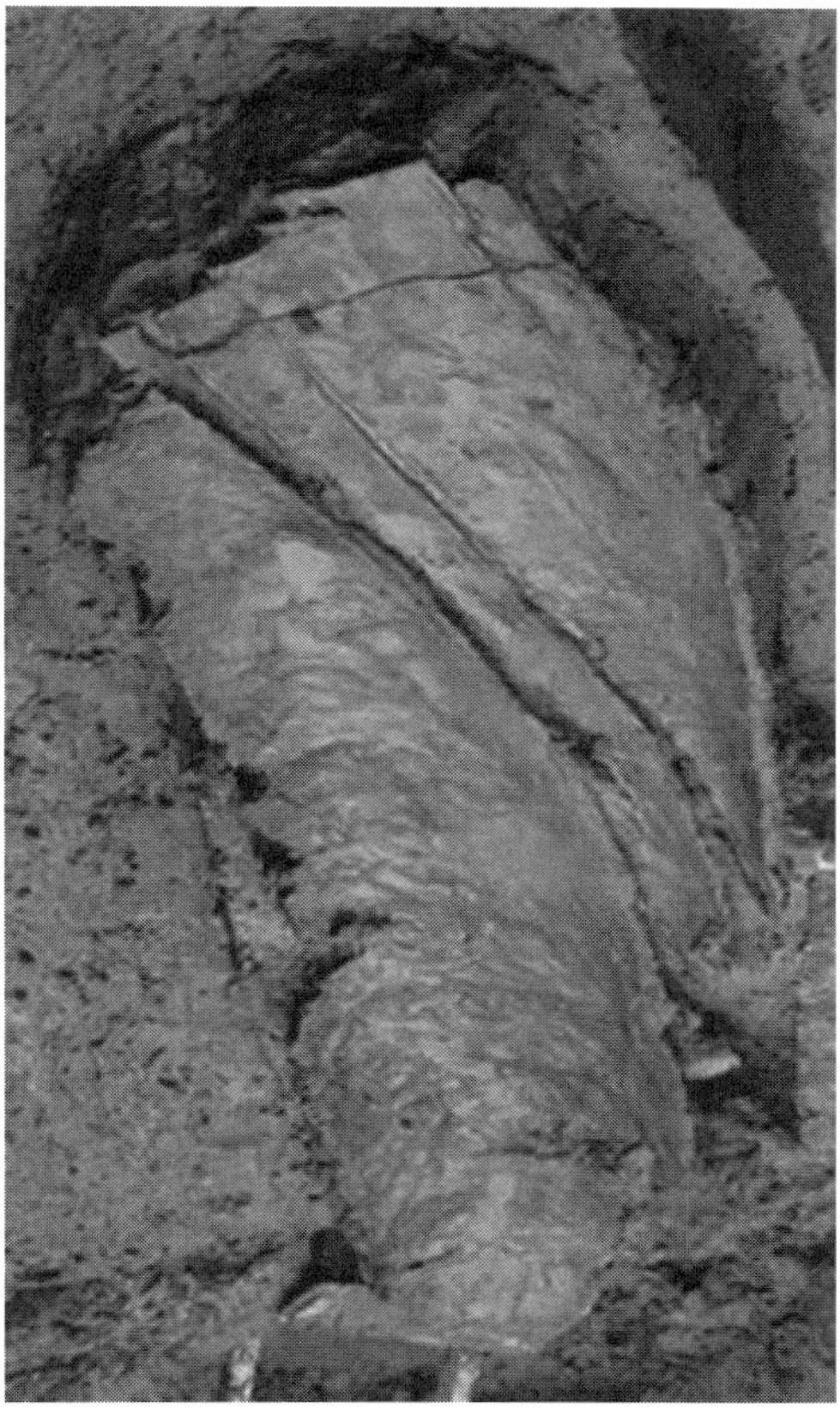
図14　飛鳳里遺跡の丸木舟（国立金海博物館）

韓国の全羅南道山林博物館及び慶尚南道山林博物館の植生調査資料によれば、クスノキは北緯三十五度以南の済州島と多島海のみに見られるものの、大きくは育たない。

六千年〜七千年前の温暖期という状況を勘案しても、②、③の舟（船）は日本列島で造られた蓋然性は高く、明確に韓国産だと言えるのは①のマツ材で造られた二艘のみということになる。

これに対し日本における舟・船の出土例は約二百に及ぶ。この一対百といった、あまりに極端な差は一体どう考えたらよいのであろうか。その理由を詮索中であるが、いまだ明確な答えは出ていない。その中で、朝鮮半島の考古学に詳しい山本孝文氏（日本大学教授）の見解が示唆に富んでいるので、ご紹介しておきたい。

「朝鮮半島でも古くから海運（水運）は発達していたと考えられる。ただ、日本と比べて降水量は少なく乾燥しており、水分をあまり含まない朝鮮半島の山では大きな木が育ちにくいのは確かで木材（材料）入手という面から見れば条件はよくなかったであろう。加えて、やはり気候・環境的な理由で、日本に比べて低湿地遺跡が少なく、木材が残る環境の遺跡が絶対的に少ないという点は大きいと考えられる。船だけでなく、木器・木製品や木棺・木簡などの残存確率が日本に比べて顕著に低いのも、同様の理由だと考える」

朝鮮半島には活動中の火山が無く、日本の様に低地に厚いロームが堆積することが無いので表土が薄

木を腐らせる腐朽菌の生育条件

腐朽菌を生育させないための4つのポイントは
酸素・水分・温度・栄養分

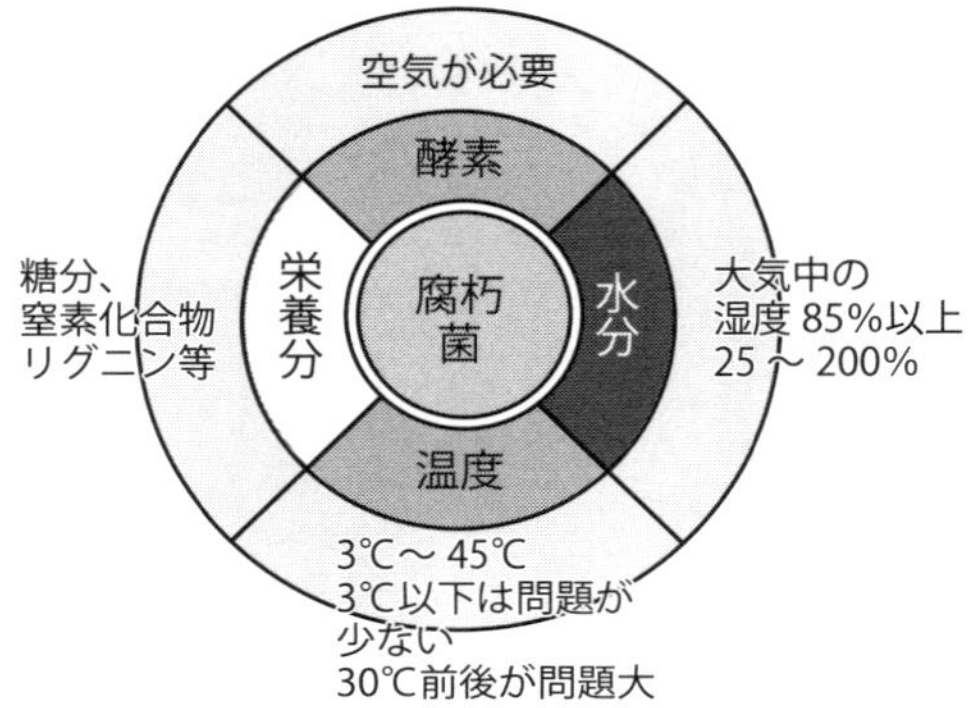

図15　腐朽菌の生育条件

く、植生のすぐ下には風化した基盤岩（花崗岩が多い）が見られることから、大木が育ちにくいのである。ここで有機物を分解（腐食）する仕組みを見ておきたい。

微生物の一種である木材腐朽菌は、適度の水分・酸素・温度・栄養分を必要とする。沖積地や盆地にある低湿地で、地下水が豊富な処や粘土層に囲まれた環境では、空気（酸素）と遮断され（パック状態）木材は残りやすい。

腐朽菌に強い樹種はヒノキやコウヤマキで、スギはそれに次ぐ。逆に弱い木はアカマツやクリマツであり、朝鮮半島にはマツの木が使用される例が多いことも遺物が残りにくい要因だと考えられる。

構造船と帆

船体を丸木で造ることから脱し、船底を含めて船体全てを板材や角材で造ったものを構造船という。したがって構造強度が確保できれば長さや幅も自在に取ることが出来、大型船の建造が可能となる。しかし、その為には板材の加工や接続には極めて精緻な技術が要求されるし、それを可能にする鉄工具類の発達が欠かせない。

板材を作る手段は、楔《くさび》を打ち込んで割り出す方法が取られた。木材の縦引きが可能な大鋸《おおが》が伝来するのは室町時代中期まで待たねばならない。

古代の構造船は材料が木材であることから建築物や構造物それに燃料などに再利用され、遺物としては残らない。ところが二〇一五年十二月に滋賀県長浜市の琵琶湖に面した塩津港遺跡から、我が国で初

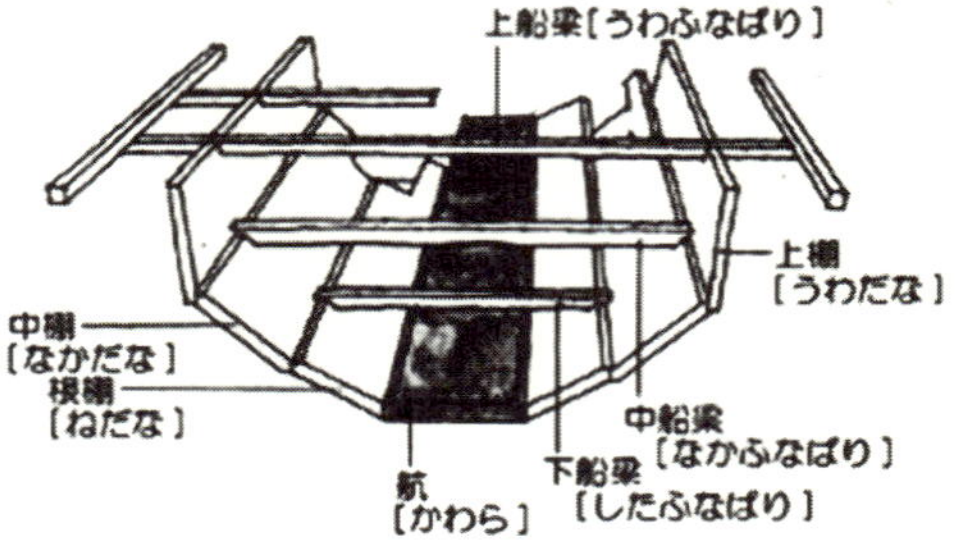

図16　構造船の構造（谷井健三と成章のアート塾和船より）

図17　塩津港・構造船（滋賀県文化財保護協会）

めて構造船部材と見られる板が発見された。時代は平安時代後期（十二世紀）と見られ、琵琶湖の水運に利用されたことは確実である。外洋船ではないが、それでも貴重な発見となった。構造船に必要な板と板を繋ぎ合わせる「縫い釘」の穴や、継ぎ目からの浸水を防ぐために木の皮を加工して縄状に巻き、打ち込めた「マキハダ」という技術が使われていたことが分かった。

構造船と判明している遺物は、この一例のみであるから、残念ながらいつ頃から建造され始めたか遡って考えることは、非常に難しい。海事史の専門家でも意見が分かれるところだ。このように構造船の存在を示す遺物が乏しいことから、その出現を考える場合には、文献に記録された資料と古墳内に線刻され、あるいは描かれた絵を参考にする以外に手がかりは無い。
日本書紀の記述からは、
継体六（五一二）年　穂積臣押山を百済に派遣した。筑紫の馬四十匹を賜った
欽明七（五四六）年　良馬七十匹、船十隻を百済に賜った
　十四（五五三）年　百済に遣使した。良馬二匹、同船《もろふね》二隻を賜った
　　　　　　　　　　※同船とは、諸木船すなわち、多くの木材を接合して造った大船のこと
　十五（五五四）年　助の軍の数千、馬百匹、船四十隻を百済に遣らしむ
　　　　　　　　　（百済支援派遣軍、一隻あたり兵士二十五人、馬二・五匹となる）
　三一（五七〇）年　高句麗使が越（加賀）に来航し入京す
皇極元（六四二）年　百済の参官に大船《おほつむ》と同船三艘を賜う
孝徳元（六五〇）年　難波吉士胡床《なにわのきしあぐら》等を安芸国に遣わして百済船二隻を造らしめたまふ
　四（六五三）年　遣唐使船で初めて南路（往路のみ）を採る
　五（六五四）年　遣唐使船、往復とも北路を採る

多数の馬を船に載せて運ぶことは、小さくて狭い準構造船レベルでは不可能である。しかし、このような数十匹あるいは百匹という馬の数や大船という記述を信ずれば、そこに多数の馬を積載可能な構造船の存在を考えても良いであろう。また、同船《もろふね》や大船《おほつむ》というものが具体的にどのような構造を指すのか、実体は不明であるが、この時期に初めて南路を採った遣唐使船が出現したことから、やはり構造船で

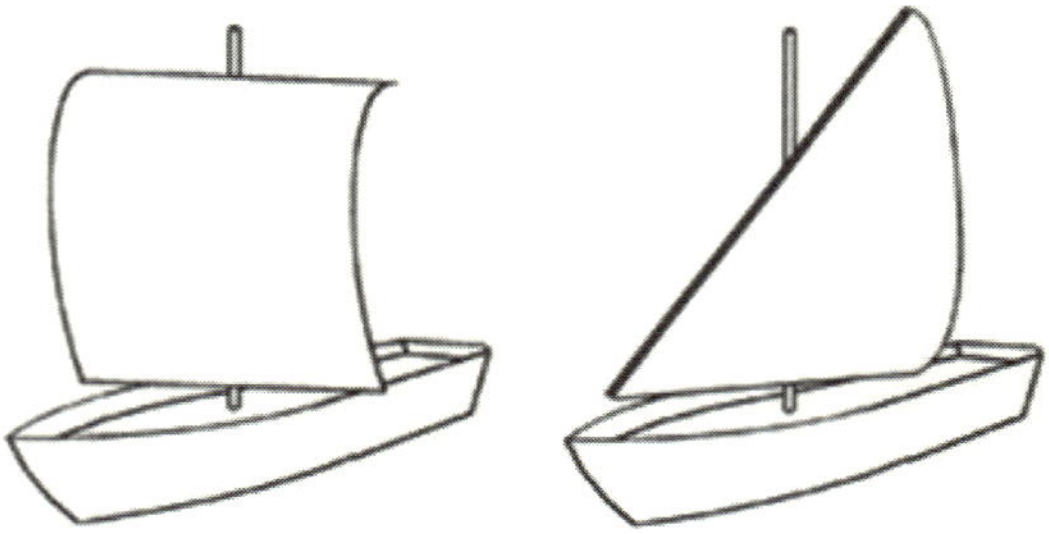

図 18　帆のメカニズム　（Wikiwand より）
左：横帆、固定式、追い風時のみ
右：可動式、向かい風・横風 OK

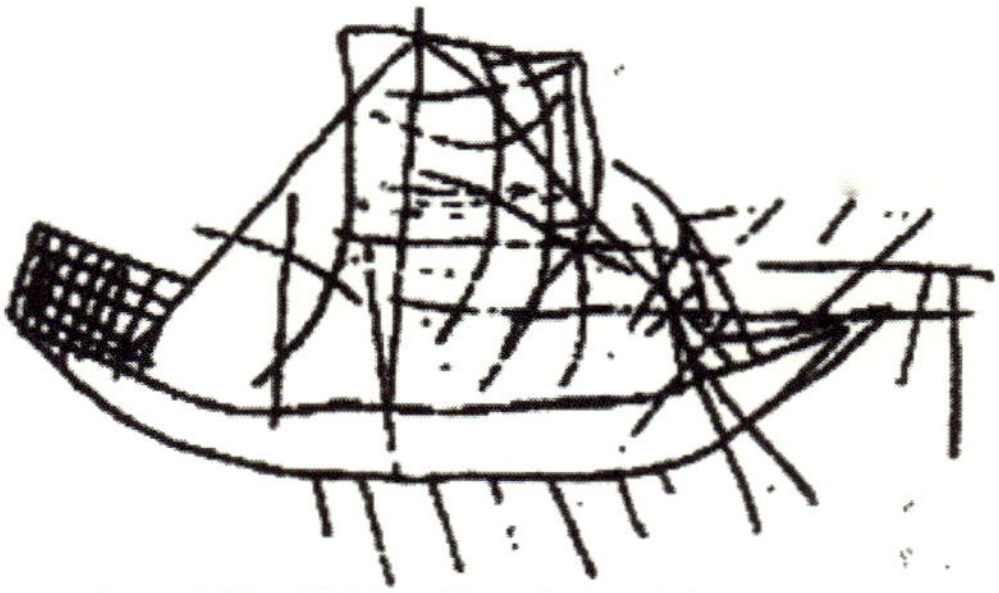

図 19　帆かけ船の線刻画 鷺山古墳　（鳥取市）

あった可能性が高い。

以上のことから、私は六世紀には構造船の建造が始まっていたと考える。

そして、構造船であれば同時に帆の利用も視野に入ってくる。準構造船のような幅の狭い船に帆を立てれば不安定となり、たちまち転覆する危険性がある。それに比べて、幅を広く取った構造船の場合には、復元安定性が大きく増すために帆の使用が可能となるのだ。しかしながら、この時代の帆は横帆《よこほ》といって、四角な帆を進行方向に直角に張ったまま固定したもので、追い風の時しか利用できなかった。追い風時だけではなく、横方向や向かい風の場合でも、帆の方向操作により前進できるタイプの帆を縦帆《たてほ》（基本は三角形）というが、古代日本においてはついに出現しなかった。この帆のメカニズムについては多くの誤解がある。縦帆を備えた外洋船の船底部は尖った形をしており、風による船体の横流れを防ぐことが要求されるのである。

ここで、さらに古墳や埴輪に遺された船の絵から構造船の出現を考察することにする。

帆を備えた構造船と思しき線刻画や壁画を観察すると、やはり六世紀になってから出現することが分かる。ただし、横穴石室内の絵は後世に改竄《かいざん》あるいは描き加えられたことも想定されるので、そのような出来過ぎたものは除外して検討しなければならない。その上で、六世紀代のものと思われるものの中から、鳥取市・鷺山《さぎやま》古墳、大阪柏原市・高井田十二号墳、大阪高槻市・今城塚・新池遺跡の例を提示しておきたい。

図 20　帆かけ船の線刻画　高井田 12 号横穴墓　（大阪府柏原市歴史資料館）

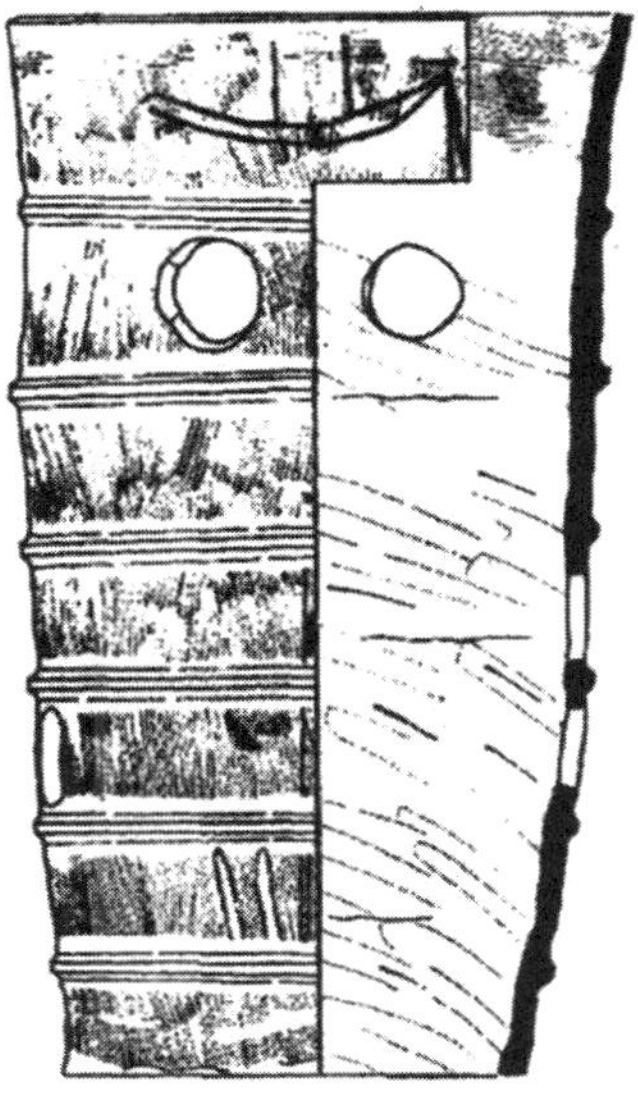

図 21　帆かけ船の線刻画 今城塚古墳・新池遺跡　（大阪府今城塚古代歴史館）

図 22　広州・秦代造船所跡　※各番号は船台を指す

中国における構造船

朝鮮諸国の古代船に関する遺物は、日本と比べると極端に少ないが、丸木舟から準構造船、そして構造船へと、その発達段階は日本と大差ないものと判断される。しかし、六世紀になると日本から百済へ何度も大船を遣わした、との記述から、むしろ日本の方が一時期先進的な立場となった可能性がある。

一方中国では、構造船（帆船）を建造する技術や航海の技術の水準は春秋・戦国時代から発達していたと見られ、日本や朝鮮諸国とは比較にもならない。中国と通交した倭人が、その船を見ているはずで、すぐに真似をしたのではないか、という単純な見方も多いが、造船設備や鉄製工具類といったレベルがあまりに隔たっている状況では、見よう見まねで真似することには限界がある。土台無理な話である。

一九七四年、広州市の中心部で発掘された「秦代造船所」遺跡では、三つの造船台があり、木造平底の構造船が同時に造られていた。まさに近代の造船所と変わらない設備である。

ここでは、最大長三十m、最大幅八m程度の軍船が建造されていたと推測されている。

また、多数の鉄鋳物、鉄釘、鉄棒、といった鉄工具関連の遺物も多数発見されていることは、鉄器類を多数駆使した作業であったことが分かる。

なお、秦代のこの遺跡は、始皇帝が嶺南の百越を征服した時代との関連性が考えられている。

漢代においては、海上作戦の記録が多い。その中で、BC一一四年に前漢の武帝が船団を朝鮮半島に振り向け山東と遼東の海・陸両面から衛氏朝鮮を攻め滅ぼし、楽浪・真番・臨屯・玄菟の四郡を設置したことが注目される。この作戦に用いられた軍船は、もちろん構造船であったことは間違いない。楽浪郡は大同江を通じて海に開けた海港都市として東方進出の前線基地となり、その後四百年余りにわたって、朝鮮半島支配の拠点として維持された。九州北部の有力者たちが中国と密接な関係を築く上でも、楽浪郡の存在は大きかったのである。

第2章　航海について

対馬海峡の海流と潮流

対馬海峡は実に複雑な様相を呈している。対馬海流は屋久島と奄美大島との間にあるトカラ列島付近で黒潮本流と別れて北上し、対馬海域に入り西水道と東水道に分かれて北東に流れる。流速は平均〇・五～一・〇ノットであるが、西水道出口では一・二～一・六ノット、東水道出口では一・〇～一・三ノットである。この対馬海峡の数値は黒潮の流速が二～三ノットであることに比べれば、流れは緩やかであることが分かる。この流れはやがて日本海に入り列島沿岸を概ね北東方向へ進むのだが、単純に一定方向を示すのではなく蛇行説や分流説もあり、はっきりしていない。

流速は西水道が速いが、この海域こそ対馬と朝鮮半島という渡海に際し、最も距離のある海域である。さらに潮汐流の状況を見なければならない。実際に航海する場合には海流に加えて、この潮の流れが大きく影響するのだが、潮汐流は、その海域の地理的要因により、全く異なる様相を示す。しかも半日周期で六時間ごとに反転を繰り返す。対馬海峡の場合、概ね上げ潮の際には〇・六～一・三ノットの南西流、下げ潮の場合に一・五～三・〇ノットの北東流となる。しかし、他の海域に比べて、この海域の複雑さは一筋縄ではいかない。さらに具体的に詳しく見てみよう。

二〇〇二年に運用が開始された九州大学応用力学研究所による対馬海峡表層海況監視海洋レーダーの

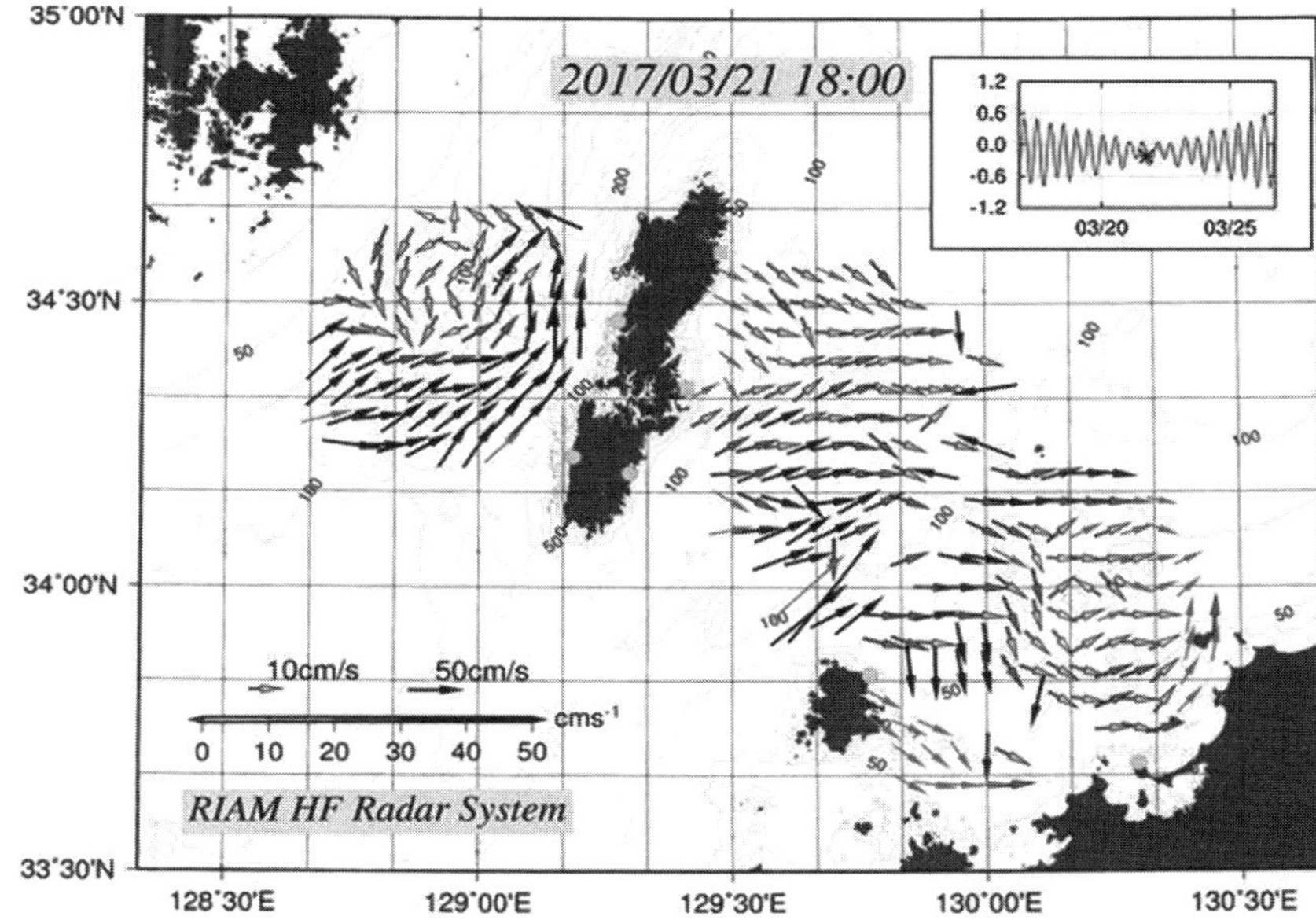

図 23　対馬海峡表層流況図（九州大学応用力学研究所）に一部加筆

解析によれば、対馬の東西海域には概ね反時計回り（左回り）を示す大規模な渦巻き流が観測されている。この潮汐流と対馬海流が生み出す複雑極まりない海を乗り切っていかない限り渡海は不可能なのだ。ただ、幸いなことに最難関の西水道を渡海する場合に問題となる渦巻き流は、概ね十月から三月までという冬場に多く観測される傾向にあり、夏場の渡海であれば、影響を被ることは比較的少ないものと考えられる。

また、対馬の東側（東水道）の渦は、六月から十一月に顕著に見られるが、年間を通して直径五十㎞程度の渦が出来やすいことが観測されている。この現象が東水道の渡海にどのような影響を与えたかについては沖ノ島ルートの項で詳しく述べることにしたい。

もっとも、古代人には渦の存在は分から

なかったに違いない。この海域の渦は、あの鳴門の渦潮のように眼で視て分かるような小さなものではなく、広大な海面をレーダー監視することによって初めて認識できるようなスケールなのだ。古代人にとっては、とにかく複雑怪奇な流れを見せる海に驚きと恐怖の想いを抱いて見つめたことであろう。しかしながら、この海域には、はるか旧石器時代から海を渡る実績のある漁撈民が存在していた。おそらく永い間に多くの失敗や犠牲者を出した経験の積み重ねにより、海や航海に関する知識が蓄積されていったのであろう。この熟練航海者（漁撈民）が居なければとうてい渡海は出来ない。水先案内人として常に彼らの援助が絶対不可欠なのである。

余談とはなるが、この巨大な渦巻きは、植物プランクトンの発生に関わり大気中の二酸化炭素を吸収する上でも大きな働きをしていることが判明しており、海洋生物や地球環境（温暖化）問題を考える上で、欠かせない海洋現象として世界的に注目されている。

玄界灘の海の幸として知られる「ケンサキイカ（ヤリイカ）」は、この海域の大渦によりもたらされているようだ。

準構造船と対馬海峡の渡海ルート

準構造船の速度や一日の漕航距離については、海事史の専門家でも意見が分かれるところである。

石井謙治氏（造船技術史）は、速力三ノットとする。

茂在寅男氏（航海技術）は、一日漕航限度を二十kmから二十三kmとする。

遠澤　葆氏（航海士）は、速力一・五ノットとする。
大友幸男氏（古代史研究者）は、巡航速度一・五㎞、最高速度五・五㎞。一日十時間漕航を限度とする。
この他にも速度や漕航距離については多くの見解があるが、私は道家《どうけ》康助《こうのすけ》氏の推定が最も合理的で実践的だと判断し、道家説を尊重する。氏は一九二一（大正一〇）年生まれで神戸高商・航海科卒で海軍、日本郵船、海上保安庁、海上自衛隊を歴任、この間ずっと航海に従事して来た人物である。退職後は実験航海と古代史研究に取り組み、著書も多い。

特にカヌーでの実験航海は朝鮮半島～九州、台湾～南西諸島～九州、仁川～伏見といった多くの実体験を通じての考察は得難いものであり、多くの示唆に富んでいる。理論と実践という両面を通じたバランス感覚は信頼性が高い。

朝鮮半島から壱岐までのカヌーによる実験航海では、巨済島南端の長承浦《チャンスンポ》を出航し毎勿島《メムルドォ》を経て、十時間半を要して対馬・佐須奈港へ渡り、その後さらに壱岐まで渡った。この間の海域毎の海流や潮流などの複雑な流れや、平均速度は三・五五ノットだったことを記している。また昼間のみの目視航法であったが、眼高（海面上の眼の高さ）は一・五ｍと低く、視達距離は約二・五浬《かいり》（四・七㎞）と、あまりに見通しが悪かったため、うねりで方向を判断せざるを得なかった。

長距離航海の場合には、船を乗り換えたり、漕ぎ手を交替したりしなければならず（駅伝方式）、同一船、同一クルーであれば、対馬海峡を渡るのが精一杯であろうとの重要な指摘がある。

台湾から与那国島へはコンパスとＧＰＳを利用し何とか辿り着くことは出来たが、黒潮の流れは最速で五ノット、平均で三・五ノットあり、しかも、与那国付近ではそれに潮流が加わり複雑で速い流れがあることから、古代の手漕ぎの船での渡海は無理だと指摘している。

この点は国立科学博物館の実験航海チャレンジの動向ともからみ興味深いところである。

また宮古島から沖縄本島へは百五十浬（二百八十km）もあり、これも二昼夜を要することになるので、大変困難だとしている。逆に九州から南下して沖縄本島へは島伝いに目視漕航できるのでコンパスなしでも十分可能だったはずとしている。

山東半島から朝鮮半島への最短ルートは、成山角から長山串（黄海南道）の百浬（百八十五km）を渡る黄海横断ルートとなる。この場合、四ノットで二十五時間、二・五ノットで四十時間を要することになるが、両岸の的が大きいだけに何とか大丈夫だったのではないかと推測されている。

以上道家説を総括すると、

・巡航速度は三ノット前後である。（時速五・六km）巡航速度は、経済的、安定的速度のことで、半舷漕ぎ（交替制）で最高速度の五十～六十％程度の漕航を目安とする。

・一日当たり漕航距離の目安は六時間とし、八時間程度を限度とするが、ここ一番という場合、最大限十時間かければ、到達距離三十浬（五十六km）は可能である。

・船の復元性能に関係する船体の長さと幅の比率は五対一がベストである。

・波高は一ｍが限度である。

この数字は他の実験航海の例から見ても整合性があり、妥当だと考えられる。

準構造船の巡航速度は三ノット（時速五・五五六km）。この数字を目安として、これから検討してゆくことにする。

ここで九州から巨済島までの準構造船による航海をシミュレートしておきたい。

渡海の時季は、春（四〜六月頃）と秋（九〜十一月頃）に限られる。夏は日照と海面の照り返しによる暑さ、冬は季節風と寒さのため航海には適さない。

一日目、博多の津で水先案内人や水手《かこ》（漕ぎ手）などのクルーを編成した一行は、志賀島を経由して今津湾から糸島半島へ入り地峡帯を陸越え（船越）し加布里湾に出る。そして沿岸伝いに唐津まで進み、ここで一泊する。

二日目、唐津湾を北上して呼子に到る。これからはいよいよ外海渡洋となるわけだが、呼子を出航して壱岐の南端に到着（二十四kmを四・三時間で漕航）。東海岸に沿って北上し幡鉾《はたほこ》川を遡り原の辻へ。ここで一泊する。

三日目早朝、島の東海岸を北上し最北端に到る。海流、潮流、風向きなどの気象条件を見て、条件が良ければ即一気に対馬を目指す（四十九km　八・八時間）。対馬南端に到着しここで休養のため一泊。

四日目、島の西海岸に沿って北上を続けて三根湾に到り（五十km　九時間）三根で一泊。最難関である巨済島までの渡海に備えて休養と物資補給を行う。

海の流れと風向きを慎重に観察し、条件が整った五日目の早朝に西へ方向をとり漕ぎ出す。途中、鴻島の入り江に船を止めて、休養を取る（五十一km　九・二時間）。暗くならないうちに着ける見通しがついた場合は、さらに西北方向へと漕ぎ出すが、慎重を期す場合にはここで仮泊して翌日再チャレンジする。巨済島の南端へ無事辿り着いたら（二十三km　四・一時間）、ここで一先ず休養し一泊。

六日目以降島の東側沿岸を北上し、本土の金海の西側の熊川港に到着する。

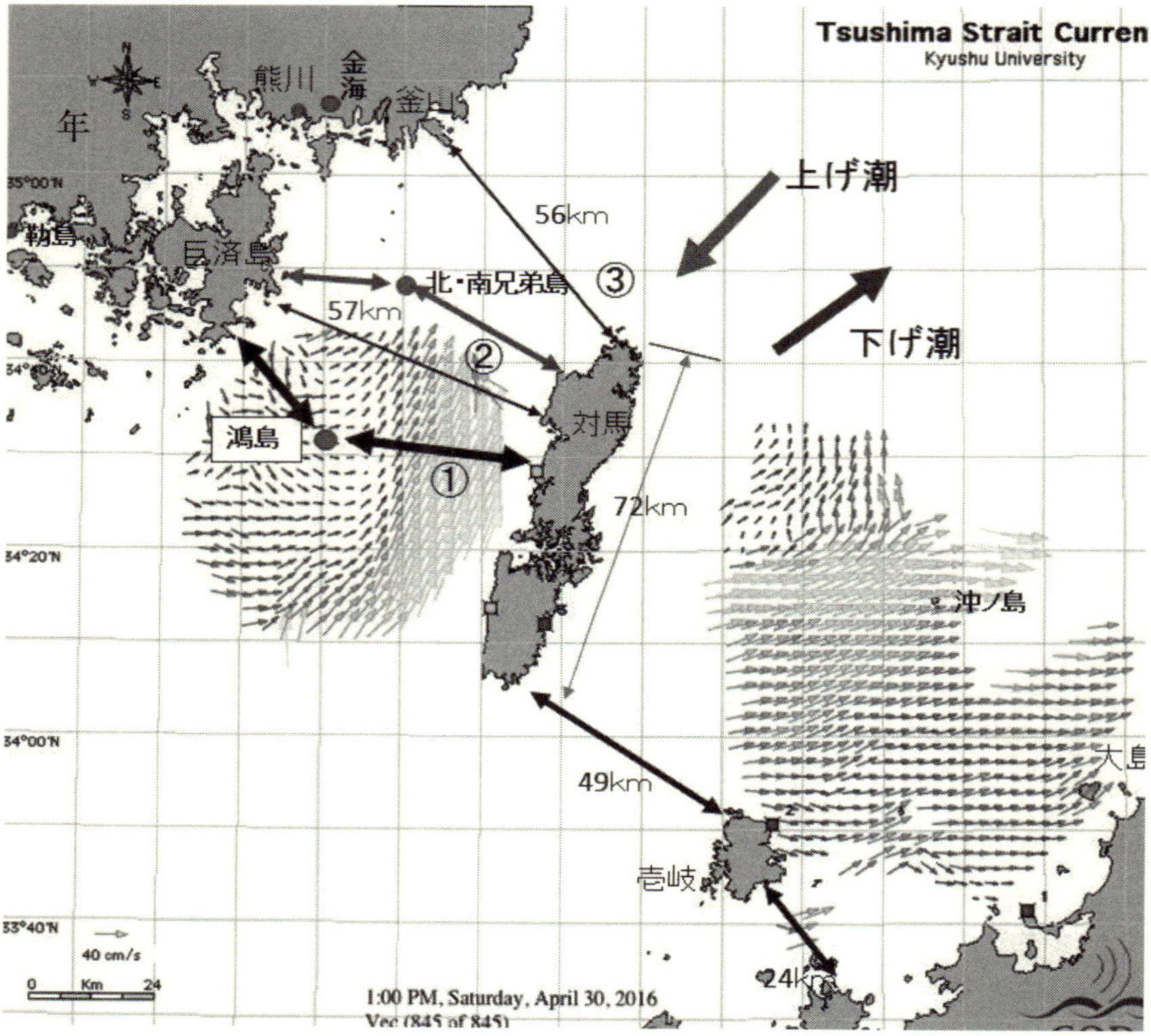

図 24　対馬海峡表層流況図（九州大学応用力学研究所）に一部加筆

この間、呼子から熊川まで万事順調に行って六～七日程度を要する。天候に恵まれない場合や水手の故障者などが出た場合には十日以上は覚悟しなければならないだろう。ここで博多において編成されたクルーは大役を果たし、以降は熊川で新たに編成されたメンバーと役割を交替することになる。

いずれにしても、現代のようにジェットフォイルで博多―釜山間を三時間という具合には行かないのだ。危険に満ちた大航海であることを、よく認識しておかなければならない。

図25 鴻島 筆者撮影

さて渡海を考える場合には図24が示すように対馬西水道の対馬と朝鮮半島との直線距離は巨済島（五十七km）でも釜山（五十六km）でも約六十km弱である。先に「からむし二世号」の実験航海の例を挙げておいたが、五十六kmの距離を時速四・四km（二・三八ノット）で漕航し、十二時間四十三分を要した。日中の明るい間に渡り切る必要性から見ても、十分に渡海可能だと言える。もちろん、この場合には通常と違って夜明けを待って直ちに船を出し、目的地に到達するまで、限度いっぱいの働きが求められたであろう。

ところで、この海峡の横断ルートについては、通常釜山と対馬間を想定する論者が多いが、私は巨済島コースこそが本命であろうと考えている。理由は、この海域に鴻島《こう》（ホンド）と北・南兄弟島という島々が存在（現在は韓国領）していることである。いずれも古代から無人の孤島ではあるが、目指す目的地が目視出来ない航海では、途中にある島の存在は航路を確認出来るという点で、その意味は大きい。また船を係留できるような入り江があれば、漕ぎ手の休養や汐待ちには大きな助けともなる。

先に示したように、この海域には左回りの強い渦巻き流が見られるが、幸いなことに、渡海の季節である夏場に観測されることは少なく、影響は少ないものと考えられる。従って中継点（島）を確実に捕捉しながら、うまく潮に乗って漕航すれば、この海峡を乗り切ることが出来たであろう。この海域の海の民はそのような生き物のような海を熟知していたのに違いない。

さらに、より具体的な渡海ルートについては、列島や半島の情勢や時代によって複数ルートを想定することが可能である。

対馬海流の影響を考えて、よりリスクの少ないルート順に優先順位をつけるとすれば、

①御前浜（三根湾）―鴻島―巨済島

②棹崎（佐護湾）―北・南兄弟島―巨済島

③鰐浦―釜山

ということになろう。①②のコースの場合、目的の島に辿り着けずに北東へ流された場合でも、①→②、②→③というようにコース取りの変更が可能である。なお、①②の場合には対馬の東・西両岸を結ぶ地峡帯（三百ｍ）は、船を担いで越えたことも想定される。今も「大船越」という地名が残っている。

対馬の港に関係する遺跡にも若干触れておきたい。三根湾付近には多くの遺跡が集中している。吉田遺跡からは弥生時代早期の稲作が確認された。三根遺跡は弥生時代の大規模集落で、楽浪土器が出土した。ガヤノキ遺跡の石棺からは内行花文鏡が出た。佐護湾のクビル祭祀遺跡からは銅鍑や三韓系瓦質土器が出土した。いずれも半島との往来の結果、もたらされた貴重な遺物である。

巨済島についた船は海岸沿いに本土の港を目指す。朝鮮半島の南岸は多島海として知られ、天然の良港は沢山あったであろう。その港の有力候補として金海《きんかい》（キメ）、鎮海《ちんかい》（チネ）市の熊川《ウンチョン》、泗川《しせん》（サチョン）市の勒島《ろくとう》（ヌクト）を挙げておきたい。いずれも古代日本列島との交流の痕跡が多くあり、対馬とを結ぶ海上交通の結節点として大きな役割を果たしたことが分かっている。熊川貝塚については、それほど有名な遺跡ではないが、ここから翡翠が発見されていることや秀吉の朝鮮出兵の際に拠点となったこと、かつての帝国海軍の連合艦隊基地となっていたことなど、良港として近現代にも日本との関わりが強い。

図24の渡海ルートは直線で表示しているが、実際には海流や潮汐流、それに風の影響を受けて曲線やジグザグを描くケースが通常であろう。しかし、現実にはまさに千差万別でケースバイケースという状況であるから、これを図示することは困難であることをご理解いただきたい。

小呂島バイパスルート

宗像と沖ノ島の項で触れたように、四世紀中頃になるとヤマト王権は奴国以西の玄界灘勢力とは別の航海ルートを宗像勢力と組んで開いたと推察する。同時に沖ノ島の国家的祭祀が活発化したものと解釈される。

その新しいルートとは（宗像・大島）―三十四km―（小呂島）―二十四km―（壱岐）―（対馬）という、旧勢力の港を経由しないバイパスルートの出現であったと推察する。この場合、小呂島がキーとな

図26　小呂島　筆者撮影

るが、この島は現在福岡市西区となっており、面積〇・四三㎢で最高地は一〇九・三m、沖ノ島より一回り小さな島である。古来宗像大社の社領地であり、宗像一族の支配する島であった。古代の船着き場の跡は確認されていないが、島の南端部には平地があり集落と港が存在する。古代の準構造船の時代には、おそらくこの辺りの浜辺に船体を引き上げていたのであろう。

後世の鎌倉時代後半には、この島を巡り宗像氏と鎌倉幕府の有力者が争った記録が見え、室町時代の壱岐の守護は宗像大宮司であった。古来、小呂島は、宗像と壱岐を結ぶ航路の中継地として、玄界灘海路の要衝であったことが分かる。

北・中九州の古墳の盛衰状況を見ると、五世紀初頭までは旧勢力（奴、伊都、末盧）の地が中心であったが、五世紀前半ごろから宗像、有明海・八代海周辺地域に中心が漸次移行していく様相が見られる。あくまで相対的な状況ではあるが、一挙に武力行使に及んだのではなく、ほぼ平和的、漸進的な移行を示すこの様子は、まさに航海ルートの変更が徐々に進んでいった結果をも暗示するものだ。

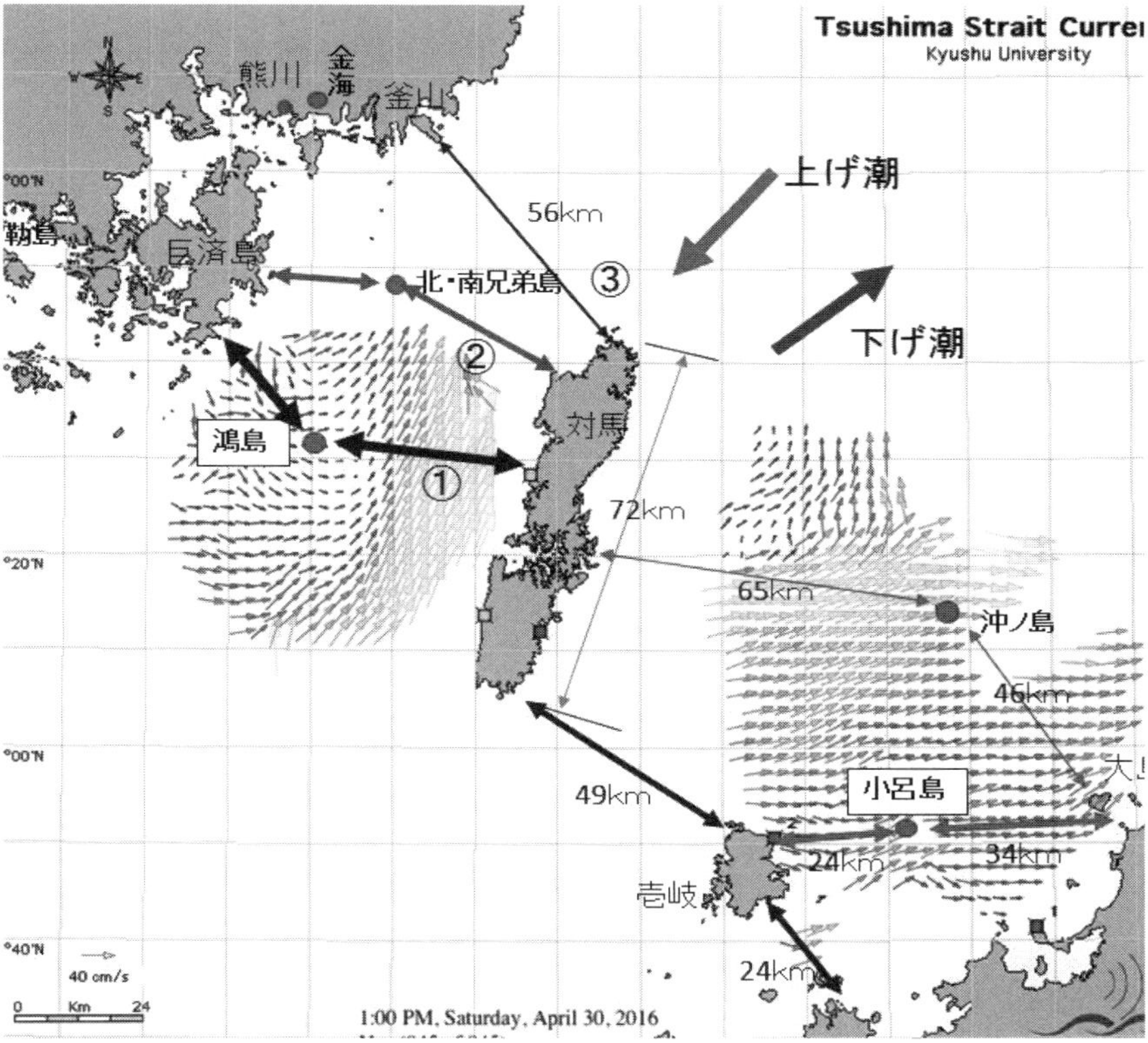

図 27 対馬海峡表層流況図（九州大学応用力学研究所）一部加筆

沖ノ島ルート

宗像（大島）と対馬を結ぶ中継地として沖ノ島を想定する考えがある。しかし、このルートは遠距離である上に、終始左回りの大渦の影響を受けやすく、通常使われるルートとしては厳しい。

小呂島ルート

宗像（大島）壱岐を結ぶ中継地に小呂島を想定する。渦の影響を全く免れることはできないが、距離は短く、伝統的な航路を利用できることからより安全なコースだと考えられる。

九州内陸の古墳分布の推移とヤマト王権の関与を考えた場合、瀬戸内の周防灘から筑後川水系や遠賀川水系を通じて、旧勢力の後背地に楔を打ち込んでいった姿が、古墳のみならず多くの畿内的遺物を通して窺えるようになるのである。

また、博多湾貿易の中核であった西新町遺跡が四世紀中頃には衰えを見せ、壱岐で隆盛を誇った原の辻遺跡が五世紀代には没落することも、当地に於ける求心的勢力の交替を示唆するように見える。

宗像・神湊《こうのみなと》の釣川《つりがわ》河口を中継拠点として、海の道は列島各地へと繋がる。ここで東方への海の道を考察してみると、六連島《むつれじま》まで四十一kmで、関門海峡へ入る。日本海方面へは響灘を通り蓋井島《ふたおいしま》まで三十八km、さらに二十七kmで角島《つのしま》へ至る。ここからいよいよ日本海沿岸を進む。くどいようだが、当時の準構造船での航海では沖合に出ることはなく、陸地の岬や山を目印として尺取虫のように海岸沿いに進む航法（地乗《ぢ》り）である。

一番の敵は波（波を起こす風）、そして潮汐流である。潮汐の流れは、その海域により全く様相が異なるので、当該海域を熟知した海人を水先人として案内を頼む以外ない。弥生時代の日本列島の沿岸には、ある程度の航海システムがあったことが想定されるが、もうこの時期の各港には水先案内、宿泊、休憩、水・食料の供給、さらには漕ぎ手の交替要員や代替船など、航海システムも相当充実したものがあったと推察される。その意味で、行き当たりばったりの航海などは夢物語であることは自明の理である。

港と船着き場

弥生時代から古墳時代にかけての航海を考える場合に、大事な結節点として航路上に存在する港や船着き場について考察しておく必要がある。しかし残念ながら、古代の船着き場遺構が発見される例はそう多くは無い。その中で壱岐の原の辻遺跡と吉備の上東遺跡の船着き場遺構の状況がどうであったか、見ておくことにしたい。この時代の船着き場は海辺ではなく河口付近か河川を遡った処に造られた。当時の土木技術の水準では、海の波に洗われる場所には設備を造れなかったと言われているが、実際にはフナクイムシの被害から船を守るためでもあった。フナクイムシと言われるが、実は海に棲む二枚貝の一種であり、固い殻をドリルにして海水中にある木材（船底部）に穴を開けて棲みつき、あげく浸水により沈没を招くという恐ろしい存在なのだ。ところが、この厄介な貝も淡水には棲めないことから、川の流れに係留すれば被害を防げるという訳だ。

このフナクイムシ被害は古くから世界中の船乗りを悩まし続けたのだが、近代の鉄板張りの船が出現して、今はほとんど忘れられた存在となってしまった。しかし、木造船の時代を語る場合には絶対に無視できない厄介者であった。現在、トンネル工事の際に、シールド工法なる技術が用いられるが、これは英国の造船技術者が、フナクイムシの様子をヒントに考案したものである。

原の辻遺跡の船着き場遺構は幡鉾川河口から一・五㎞遡った集落地点にある。東西に堤防が突き出たコの字形をした弥生中期の大規模な遺構である。基礎部分に木材や石を敷き、その両端には横崩れを防ぐために杭を打って補強し、その上部に樹皮を敷いた後に盛り土を施して土塁状に仕上げている。この

図 28　原の辻遺跡の船着き場　（一支国博物館）

図 29　上東遺跡・波止場状遺構　（岡山県古代吉備文化財センター）

土木技術は敷粗朶《しきそだ》工法という大陸の最新技術を導入したものと見られる。

岡山県倉敷市にある上東《じょうとう》遺跡からも弥生後期前葉と見られる波止場状遺構が検出された。

足守川の河口付近にあり、堤防の長さ四十ｍ、幅五ｍ～十四ｍで、これも敷粗朶工法が用いられた。ここからは九千六百六個という大量の桃核が出土し、祭祀との関係で注目される。

また、七百点以上の弥生土器が出土しているが、多くは完形で、意図的に穴を開けたものもあり、航海の安全を祈って神に捧げたものと思われる。さらに、特筆されるのが、中国（新）製の貨泉と、朝鮮半島製の瓦質土器（灰陶質土器）の出土であり、ここが国際交易の窓口のひとつであったことを示している。この上流には弥生墳丘墓で有名な楯築《たてつき》遺跡など多くの遺跡が集中するところで、吉備の中枢部と見られており、船着き場は海からの玄関口と言うべき処に所在する。

時代は古墳時代（五～六世紀）と降るが、韓国金海市の官洞里遺跡は、古金海湾の西岸にある港湾集落の遺跡である。

船着き場の他、住居と道路などが検出されている。船着き場は南北方向の幅三ｍ、長さ二十四ｍの橋梁と、それに直行する方向の幅四ｍ、長さ十二ｍの護岸で構成されている。古金海湾は水深が浅く潮間帯の地形であるため、船が停泊しやすいように海岸に長く伸びる船着き場が必要であったと考えらる。

準構造船の実験航海

準構造船については、これまで復元船による実験航海がいくつか行われている。そのうち、「野性号」「なみはや号」及び「海王」の例を取り上げておきたい。

野性号

一九七五（昭和五十）年に朝鮮半島（仁川）から九州（博多）まで水行もしくは航海した。西都原古墳から出土した五世紀後半の船形埴輪を復元したものである。設計者は、造船技術史の石井謙治氏であったが、条件を満たすクスノキが入手できず、カナダ産のマツ材を使用した。この時、古代船には無かった「ビルジキール」という部材を船底に取り付けている。これは、船体の横揺れを抑制するための装置であり、その効果は大きく船底に溜まった海水は僅かであったという。丸木舟や準構造船といった古代船は船べりが浅く、船の動揺に伴う海水の浸入が厄介な問題だったのである。そのため、常に海水《アカ》をアカ取りで汲み出す作業が欠かせなかった。その証拠に必需品であった木製のアカ取り遺物は各地から多数出土している。

全長十六・五ｍ、幅二・二ｍ、漕ぎ手十四人で、総括では速力の平均は二ノットということで、一日に三十ｋｍ程度の漕航は可能であろうとの結論が出された。帆の使用も試みられたが、進行方向へ真後ろから吹く風という状況は極めて少なく、実際には使えないとの結論に達した。朝鮮半島西岸を南下する状況について、倭人伝には「乍《あるい》は南し、乍は東し」という表現が見られるが、引き潮に乗り南へ行き、その後満ち潮に乗り東へ、という所謂三角航法の様子が実際の航海で再現、確認することが出来た。

最終的に仁川から博多まで四十七日間も要し、しかも肝心の対馬海峡横断の際には二日間伴走動力船に曳航してもらうという有様であった。洛東江の濁流と潮流による潮目が強く、ついに乗り切ることが出来なかった。この状態のままでは東へ流されてしまう危険性があり、曳航せざるを得なかったものだ。

埴輪からの船体復元性の限界や漕航の未熟性、現代社会の法規制など、単純に評価は出来ないが、想像をはるかに超える困難性があったことが改めて確認された。

なみはや号

一九八九（平成元）年、大阪から釜山まで七百㎞を航海した。大阪の高廻り二号墳から出土した五世紀前半の船形埴輪をモデルに復元された。アメリカ産の松を利用した船で、全長十二ｍ、幅一・九三ｍ、八人漕ぎで平均二ノット、三十四日間を要した。実はこれも相当部分は伴走船に曳航されてやっと辿り着いた、というのが実情だった。船底に重りを入れたもののバランスが悪く、五十㎝程度の波でも転覆の恐れがあった。人力のみでの長時間漕航は困難であり、また安定性が極めて悪かったために、帆の使用はほとんど試みることが出来なかった。

図 30　野性号　（雑誌「野性時代」1975　角川書店）

図 31　なみはや号　（大阪市文化財協会）

図 32　大王の船・海王　筆者撮影

海王（大王の棺）

二〇〇五（平成十七）年、熊本・宇土から大阪・南港までの約千kmを三十四日間かけて航海した。今城塚古墳など畿内の石棺に使用された阿蘇凝灰岩（ピンク石・馬門石）を産地から運んでみようという実験航海であった。船は、野性号と同様に西都原古墳出土の船形埴輪をモデルにしたもので長さ十二m、幅二mで漕ぎ手十八人であった。漕ぎ手は交替制（半舷漕ぎ）で十分から十五分で交替したが、夏場の暑さのために日射病が続出し、水分補給が大変であった。船のローリング（横揺れ）もひどく、波高〇・五m以下でないと漕航出来なかった。帆は備えていたが、ほとんど役に立たなかった。速度は、石棺を載せた台船を曳航した場合は二ノット、台船無しでは四～五ノットとしている。

総括として、寄港各地での補給体制が整っていることが不可欠であり、実際にはリレー方式が一番適切であること。航海に際して当局の規制により相当部分曳航を余儀なくされたことがあったが、それを勘案して古代には五十日を要したであろうことなどが推測された。

以上、「野性号」「なみはや号」「海王」という準構造船タイプの実験航海の三例を挙げたが、いずれも当初の目論見通りにはいかず、不首尾に終わった。しかしながら、これらの実験航海の結果、多くの貴重な教訓が得られたのも事実であり、そこから古代の航海の実態を推測することが十分可能となった。

・準構造船のような丸木舟ベースの船での漕航速度は二～三ノット（時速三・七km～五・六km）程度と推定されること。

・丸木舟ベースのように幅が狭く喫水の浅い船体にとって、帆の使用は、転覆の可能性があり、極めて困難であること。
・漕ぎ手の疲労は予想以上であり、交替制を取ったとしても一日の漕航時間には限度があること。
・そして何よりも海流や潮汐流を先ず念頭に置いた運航が要求されることである。
最後の問題については、現代人（航海者や漁業従事者も含めて）が最も不得手とするものである。強力なエンジンを備えた現代の動力船（除く小型船）は、海流や潮汐流などは全く無視して自在に航行出来るからで、実験航海に携わった人達にとっては、知識として知ってはいても、ほとんど初体験といった未知との遭遇であったようだ。

すなわち海流や潮汐流といった海の動きは、その海域で活動していた当時の海人にしか分からなかったのであり、彼らの案内や援助が無ければ航海は困難で、まして長距離を渡海するうえでは必須条件だということを強調しておきたい。

特に海水の流れが複雑で長距離の対馬海峡を渡る上では玄界灘沿岸、壱岐、対馬の海人の協力が絶対に欠かせない。もちろん朝鮮半島でも同様である。彼ら海人集団との協力関係をどう構築するか、報酬をどのように計らうのか、あるいは屈服させて強制的に従わせるか、日本列島のみならず朝鮮半島も含めて、その時々の各地の政治的状況により、様々なケースを読み解く必要がある。

中国・朝鮮半島との通交ルート

弥生時代に漢帝国との間に外交関係を結んだ倭は、丸木舟或は準構造船に乗り対馬海峡という外海へ

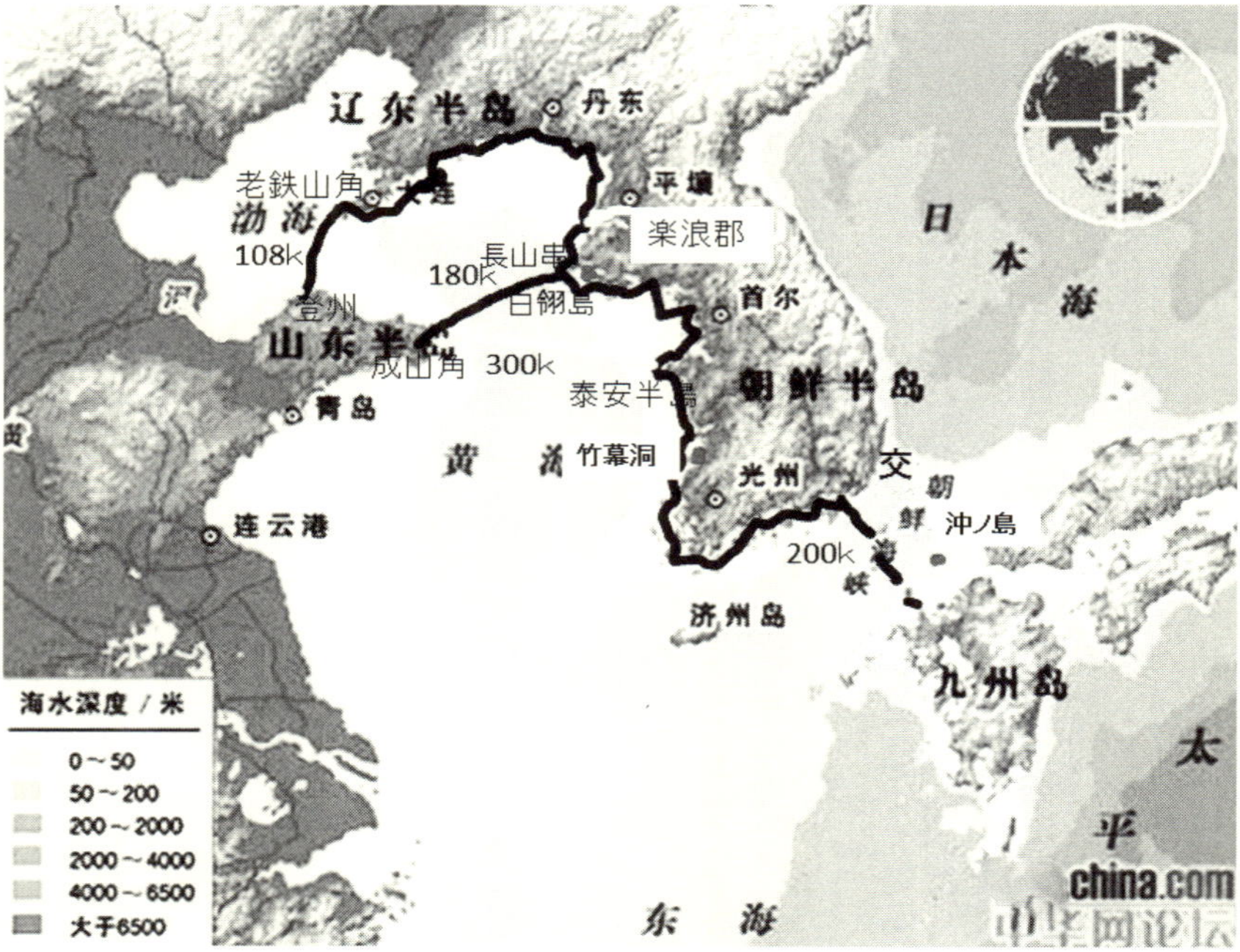

図 33　東アジア航海ルート　（china.com を基に著者が作成）

乗り出した。この最難関海域を乗り切った後は、多島海を西進し朝鮮半島西南端を廻り黄海に出て沿岸伝いに北上する。この海域は干満の差が大きいことで知られる。特に京幾湾の仁川付近は干満差の最高が十ｍにも達するし、湾に流入する河川も多く（漢江、臨津江、礼成江など）、また干潟が多いことから、特に注意を要する海域となっていた。したがって、船は湾内深くに入らずに湾口の島々を渡ったであろう。ここからは、更に半島を海岸伝いに北上し、大同江を遡り楽浪郡（平壌）へと赴くことは比較的容易な航海であったに違いない。（途中その海域毎にそれぞれ習熟した水先人を雇うことは大前提である）

楽浪郡から京師・洛陽へと赴く場合

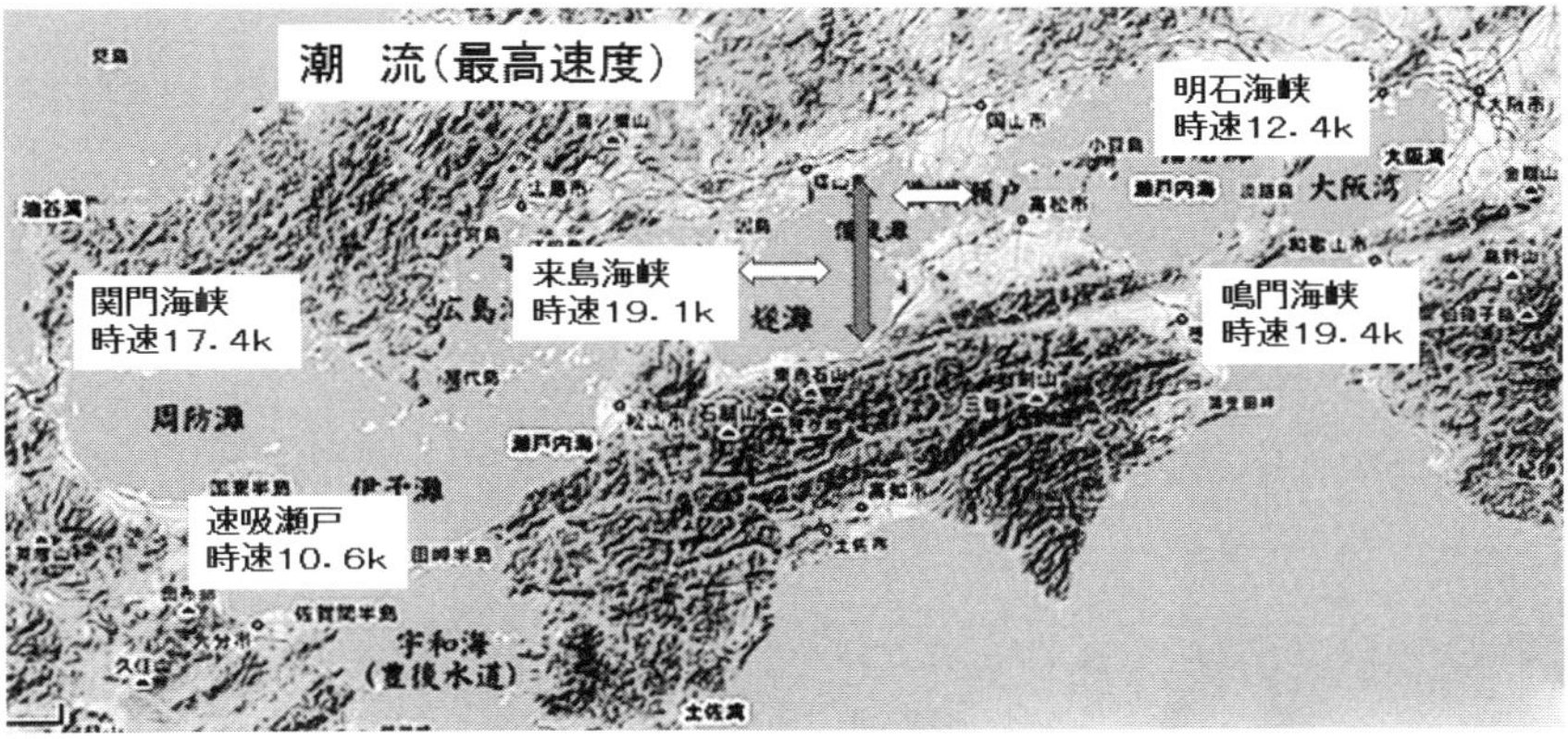

図 34　瀬戸内海　（Google マップを基に著者が作成）

には、漢の大型構造船に同乗を許されたであろうし、山東半島を経て大陸内部へ入ったであろう。後は黄河の水系を通じて京師へと道が繋がる。

瀬戸内海について

外海である対馬海峡の海を中心にこれまで考察してきたが、日本列島全域を考えた場合、九州北部を窓口として東あるいは南へのルートがある。もちろん陸地を移動することが可能な処もあるが、長距離移動の場合、古代の主なルートは海及び河川を利用した水上交通であった。東方への移動の場合には日本海、瀬戸内海、太平洋いずれも沿岸航海は可能であるが、船べりの浅い丸木舟や準構造船では、海水の浸入が最大の敵であり、波の高さが問題となる。波は風によって引き起こされるものであるから、波高と風のデータから見て、どのルートが最適であったかを考えると圧倒的に瀬戸内海が有利である。波高のデータを見ると、①太平洋、②日本海、③瀬戸内海という順になる。

しかも、太平洋も日本海もそれぞれ黒潮、対馬海流という海流の存在があり、潮汐流との絡みで複雑な流れを生じさせていっそう厄介な海となっているのだ。ただし、沿岸航行が常態であった古代の船は、通常海流の流れるような沖合の海域に出ることは無い。海流に関係する海域は先述した壱岐、対馬であり、日本海側では隠岐島、佐渡島、太平洋側では伊豆諸島の三宅島・御蔵島といった島嶼部に限られる。ところが、何か所か黒潮の強い流れが九州や本州に最接近する海域が存在する。その海域は宮崎の都井岬、高知の足摺岬、室戸岬、千葉の野島崎といった所であり、この沖合海域はやはり黒潮に流される危険性の大きい所である。古代に太平洋岸が日本海側と比較して文化伝播が遅れる傾向にあるのは、このような黒潮という強い海流の影響があったであろう。

ところで、瀬戸内の海は地形が複雑で狭水道が多く潮の流れが速いことから、大変危険な海だとする俗説が幅を利かせている。確かに瀬戸内の狭い海峡において、潮の流れに逆らって進行する小型船舶が、立ち往生気味になっている様子を実際に見れば、古代の丸木舟で漕航することは難しいのでないかと考えるのも、もっともなことであろう。

しかし、古代の船は、潮の流れに逆らうようなバカなマネは絶対しない。先述したように、外海と比べて比較にならないほど安全な海であることを知らずに、俗説に惑わされて誤解する向きが多いのは誠に残念なことであり、この際しっかりと瀬戸内の有利さを訴えたい。

たしかに、潮汐流が強く複雑な流れを見せることは事実であるが、その特性をよく承知している地元の水先案内人が居れば、その弱みは逆に強みとなって安全かつスピードアップが可能な海なのである。瀬戸内の中央部にある福山・鞆の浦と四国中央市を結ぶラインが東西潮汐流の分岐点となっている。ここからの転流を上手く利用すれば、一気にスピードアップが出来る。もちろん、他の海も同様であるが、当該海域の潮汐流や岩礁の有無などに熟知した案内人の存在は絶対不可欠の存在である。くどい様だが、この点は改めて念を押しておきたい。

瀬戸内の海が古くから開けた海であったことは、考古学の知見からも分かる。弥生時代の東西を結ぶ瀬戸内ルートはヒトとモノが行き交う、間断ない流れを見せているのだ。

時代はずっと降るが、江戸時代（十七世紀後半）に瀬戸内を中心に発達した弁才船（千石船）が、日本列島周辺海域を縦横に駆け巡るようになる。外洋航海向きの大型縦帆を備えたものではなかったが、一本マストの横帆のこの船は、下の帆桁を取り去って綱で帆の向きを操作することが出来た。そのため、横風やある程度の向かい風でも何とか航行可能であり、結構使い勝手はよかったのである。

瀬戸内海の穏やかさと荒れ海の玄界灘の対比について、江戸時代の朝鮮通信使の航海記録が大変参考になる。十一回を数える通信使のルートは釜山―難波間を船で移動した。玄界灘では嵐や向かい風のために幾度となく避難港での長逗留を余儀なくされた記録が見られるのに対し、波静かな瀬戸内では美しい島々を眺めながら船旅を楽しんだ様子が多く描かれているのである。

日本海ルートについて

弥生時代の後期から古墳時代初めにかけての時期は、各地の勢力が独自の文化を築いた時代でもある。特に出雲、伯耆、因幡、但馬、丹後、敦賀、越前、加賀、越の国といった日本海沿岸は、それぞれに独

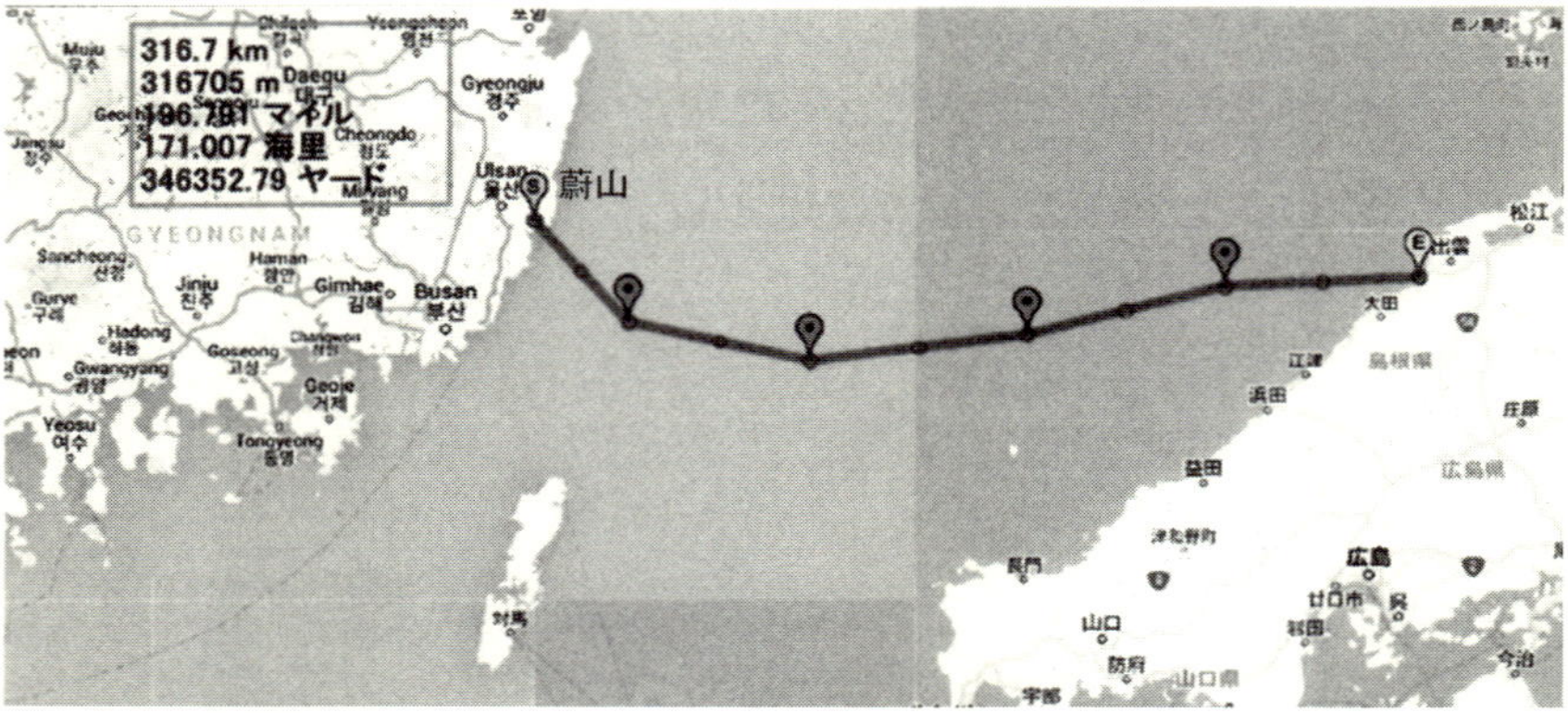

図 35　日本海航路・シミュレーション（「きょり短」機能を使用）

自性を強く発揮した。

基本的には糸魚川《いといがわ》の翡翠《ひすい》を始め、碧玉《へきぎょく》などを産するところから、交易品としての玉が列島内のみならず、外国への献上品や交易品として尊重されたことにあったろう。さらに、この地域には朝鮮半島に関係する遺物が相当数見られる。中でも長野・木島平村の根塚から出た渦巻き文鉄剣は、加耶の首長クラスのシンボルとして注目されている。そのため日本海に面した各地の勢力が、日本海をダイレクトに渡り、直接朝鮮半島各地の勢力と交易したのではないかという説が根強い。

しかしながら、この時代の船は準構造船であり、帆を張った構造船ではない。どのくらい日数を要するのか、また航海地図やコンパスも無い時代に、どこを目指して操船したらよいのか、という基本的な考察はなされていない。

一応簡単ではあるが、蔚山《うるさん》と出雲を結ぶ約三百km航路のシュミレーション図を掲げておいた。運よく対馬海流を利用できたとしても所要日数は約五日。準構造船での渡海は二日間が限度とされるので、実際には成功する確率は低いだろう。もちろん見通しのきかない夜間は漕航せず、流されるままの状態である。

さらに本来は潮流や沿岸反流の影響も強いのだが、ここでは考慮していない。さらに出雲から朝鮮半島へという逆のケースでは対馬海流に逆らうことになるので、果たして辿り着けるかどうか、遭難する確率は極めて高いのではないだろうか。それに比べて、壱岐・対馬ルートの安全性や安定性は比較にならないほどだ。交易のために命をかけるという冒険的行為はいくら古代人でもやるはずはない。

それに、見知らぬ土地へ漂着し、言葉も通じない場合には、極めて恐ろしい結果になる可能性がある。その例として青谷上寺地の集団虐殺と推察されるケースを挙げておきたい。

青谷上寺地遺跡と集団虐殺

青谷上寺地遺跡は、鳥取市青谷町にある弥生前期から古墳前期にかけての集落遺跡である。古代には潟湖《せきこ》に面した港湾集落で交易の拠点として、また漁撈を営んでいたことが想定されている。遺物としては丸木舟や準構造船の部材五十点、貨泉四点、漢鏡片五点、石製権（おもり）、勾玉、管玉、算盤玉、小玉、鉄器など、勒島との交易を窺わせる豊富な史料が発見されている。中でも花弁高坏《かべんたかつき》は木工技術の水準の高さを示す物として注目されている。また、板状木製品には準構造船を思わせる船団の図が線刻されていた。

ところで、この遺跡の一画から老若男女百十体と言うバラバラに遺棄された状態の大量殺戮と見られる遺骸が発見されたのだ（うち頭蓋骨三点に脳が残存していたことで有名。創痕を持つもの十点）。時代は弥生時代の終末から古墳時代初頭ということで、まさに邪馬台国や卑弥呼と同じ時代である。

問題は、このような異常な出来事の原因が戦乱によるものかどうかという点と、この犠牲者集団の性格・出自といったことにある。専門家からは、これを倭国の乱や高地性集落と結びつけて、他所（特に九州勢力）から侵入してきた集団による在地住民の虐殺ではないかとする声が強いようだが、果たしてそうだろうか。

まず中国文献に見える倭国の乱だが、漢末期の混乱状況が周辺にも及んでおり、この時期を表す常套句として使用されたとの説もある（上田正昭説）。また、高地性集落跡から戦いの痕跡を見出すことは殆ど無い。考古学的に弥生後期の人骨を見ると出土人骨総数千体に対し、殺傷痕を有するものは百体程と一割程度である。しかも地域的にはバラバラで地域的な抗争はともかく、とうてい広域な戦乱を推定するような状況は見出せない。

これら青谷上寺地の人骨を形態的に観察した結果、背が高いことや頭蓋骨の計測データから渡来人系（大陸・半島系）であることが明らかになっている。後世ではあるが、金海・礼安里古墳群の出土人骨群と一番近いデータが確認されている。

骨盤に射こまれた有茎柳葉型銅鏃（矢尻）が、壱岐・原の辻遺跡から多数出ていることやその鋳型が福岡・須玖坂本遺跡から出ていることから、九州集団の侵略を言う声がある。ところが、この時期におけるこれら銅鏃は実用というよりも一種のブランド品や威信財として各地に広く流通していたのである。それに日本海地域と九州北部は玉と鉄の流通を通じて極めて親密な関係にあったことが知られている。

このような状況から総合的に判断すると、この出来事は侵略や戦争といったものではなく、事件だと推察される。被害者集団は、おそらく朝鮮半島南部からの移住者集団だったのではないだろうか。船団を組んで対馬海峡を渡る途上で、何らかのアクシデントにより海流に流されて青谷の海岸に漂着したものであろう。被害者の遺物（石灰ガラス製紺色小玉）や人骨の外耳道骨腫《がいじどうこつしゅ》（潜水病の一種）からもこのような推定が成立する。

鳥取県埋蔵文化財センター調査報告書によれば、壱岐・原の辻で生み出された擬朝鮮系無文土器が含まれていたことも、漂流ルートを暗示させるものだ。

最近のニュース報道によると、これら人骨のＤＮＡ分析が始まると云う。どのようなデータが示されるか、大いに期待したい。

【追記】二〇一八年十月のニュース報道によれば、青谷上寺地遺跡から出土した大量の人骨は、一世紀から二世紀の弥生時代後期に、大陸・朝鮮半島から渡来した人々であった可能性が高いとされた。これは、およそ四十点の人骨の「ミトコンドリアＤＮＡ」分析によるもので、その特徴が中国や朝鮮半島の人のものと共通していることが分かったもので、今後、さらに詳細な分析が可能な核ＤＮＡの調査を行なう方針だと発表された（国立科学博物館や山梨大学などの研究グループ）。

第Ⅱ部　「玄界灘」と対外関係史

第１章　使節団の往来と外交

奴国と伊都国の外交

史上有名な「漢委奴国王《かんのわのなのこくおう》」金印は、一七八四（天明四）年、博多湾・志賀島において偶然発見された。発見後の偽物説や鋳潰《いつぶ》し論が渦巻く中で、黒田藩の儒学者であった亀井南冥《なんめい》は「金印弁」を著し、これが後漢書にある五七（建武中元二）年の倭奴国の朝賀の際に下賜された印であると喝破し、命がけでこの印を守り通した。

漢書・地理誌には「楽浪の海中に倭人が住み、分かれて百余国をつくり、定期的に朝貢して来る」という記載がある。紀元前の前漢代の倭の状況は百余国というように多くの小国家が分立していたようであるが、紀元後（弥生後期）になると、それらの中から盟主というべき奴国の王が中国王朝と通交した姿が見られる。

さらに後漢書・東夷伝の一〇七（安帝・永初三）年には「倭国王帥升《すいしょうとう》等が生口百六十人を献上し請見を願う」とある。等という複数を表す表現も気になるところであるが、倭国王を名乗った帥升なる者が、いったいどこの人物であったかが問題となる。奴国王の遣使からちょうど五十年後の出来事であるが、この間中国史書には倭国の記述は一切ないし、この時には印綬を下賜した記述も無い。漢帝国からすれば一貫して倭の代表者との通交と捉えていたのであるから、そこには矛盾はない。金印紫綬を下賜

図 36　志賀島と金印　（手前は玄界灘、海の中道を隔てて向こうは博多湾。対岸は福岡市街地、「志賀島歴史研究会」写真を一部改変）

されて、漢の後ろ盾を得ていたという立場からすると、帥升という人物も奴国王であったのではないかと考えるのが妥当であろう。先の奴国王の遣使からちょうど五十年を経て、北部九州各地の勢力がある程度まとまり、連合体制をとっていたと考えられる。後の魏志倭人伝には伊都国に外交窓口が置かれ一大卒なる権力者の常駐があったことから、この帥升は伊都国王だと考える論者が多いが、大漢帝国が健在であった二世紀初めの時代は未だ倭国の代表は奴国だったであろう。倭国の盟主（外交窓口）が交替することになったのは、漢の没落が顕著となった二世紀後半で、東アジアで公孫氏の台頭する時代であったと考えられる。

　新しく盟主となった伊都国王は公孫氏の傘下に入ったが、魏と呉という強国の間で揺れ惑う公孫政権との関係維持には、相当厳しいものがあったことが予想される。

　また、生口は奴隷とする説が有力であるが、百六十人という数字が正しいとすれば、大変な数である。仮に準構造船に載せたとしても、乗員の大半は漕ぎ手であるから、一艘あたり最大十人載せたとしても十六艘という船が必要となる計算だ。私は、この生口は玄界灘を渡ったのではなく、倭人集団の拠点があった朝鮮半島南部の戦争捕虜だったのではないかと考えている。それを窺わせる材料として、三国史記・新羅本紀には紀元前から倭兵もしくは倭人の来襲記事が継続的にあり、戦争捕虜も多数居たのではないかと推察されるのである。対馬海峡の渡海ではなく、倭人の本拠のひとつであった多島海域からの沿岸航行であれば、比較的容易に楽浪郡には辿り着けるはずである。なお、生口は奴隷だと見なした場合に、献上品として有効なのかという疑問が出されている。私は、彼らを受け入れた中国の王族や貴族、豪族にとっては、彼らがどんな局面においても絶対に裏切らない存在として、つまり雇い主が生殺与奪の権を有していることこそ、大きな意味があるのではないかと考えている。

邪馬台国とヤマト王権の成立

近年における古代の時代区分は大いに揺れ動いており、三世紀前半の倭国の様子を著した邪馬台国（魏志倭人伝）時代が弥生時代に属するのか、あるいは古墳時代になるのか、はっきりしない。

魏志倭人伝の記述によれば、倭国三十国を束ねた西日本連合国家の卑弥呼女王は、邪馬台国に都を置いて統治にあたったと云う。記述によれば、当時既に国内の統治機構がしっかり存在していた状況が窺えるので、この時期こそ初期国家（日本国の初源）ヤマト王権の成立とみて差支えないと考えている。

なお、この倭国三十国について、西谷正九州大学名誉教授は「使訳通じるところ三十国とは、外交関係を持ったところが三十国という意味であり、漢の時代に百余国あった国々は魏の時代には二～三百国程度はあったのではないか」としており、これを支持したい。

都がどこにあったかという問題については、ここであまり深入りするつもりはないが、全国各地から搬入された土器や東西方向に軸線を揃えた建物群、それに初期古墳群の築造などの考古学上の知見から、畿内・大和の纏向《まきむく》の地が最初の首都として最もふさわしいと考える。また、この連合国家樹立のリーダーは、畿内の首長層ではなく、九州北部を代表する奴国と瀬戸内中部を代表する吉備国が中心となり、西日本各地首長を束ねた連合国家を樹立したものと推察する。北部九州の鉄器文化（鍛冶）が纏向に入り、古墳内部には大量の朱が使用され、副葬品には鏡や玉、武器が埋納されるようになる。また瀬戸内中部の円形墳墓や特殊器台・特殊壺といった首長・王権祭祀専用の土器がこの地に入ってくる様子は、この首都を築いた集団の出自をよく顕わしている。

この地には、定型化された最古の巨大古墳として名高い箸墓古墳が存在する。歴史民俗博物館では、この古墳の周囲（周濠や堤）から出土した布留０式土器付着物をＡＭＳという計測器にかけて炭素十四年代測定を行い、築造時期は二四〇～二六〇年と発表した。卑弥呼が死去したのが二四七年頃と推察されることから、時代は重なり卑弥呼の墓の蓋然性が高いとされた。しかし、多くの考古学者からの反論も強く、未だ確たる年代観は出ていない。残念ながら、むしろ将来とも現状のまま平行線をたどる形で推移することになるものと思われる。

箸墓は陵墓参考地として宮内庁の管理下にあり、一般の調査はおろか出入りも禁じられている。年代も含めて、墳墓の実態を正確に知るためには墳丘や埋葬部の調査が欠かせないが、それらの実施が不可能な現状では、もうこれ以上の考古学的知見は望めないのだ。

ところが、今から五十年前（昭和四十三年）に、宮内庁は、こっそりと後円部と前方部の頂上付近を発掘調査した、という驚くべき事実が朝日新聞の情報公開請求により判明している。その結果、埋葬部のある後円部最上段は全面こぶし大の丸石に覆われており、石積み裾の板状の石は墳丘の材料として埋め込まれたものと推定されている。重要なことは、これらの事実から、箸墓が未盗掘である可能性が高いと考えられることだ。初期国家の成り立ちを探る上で、箸墓の存在価値は極めて大きい。ここは宮内庁任せでなく、国家的施策、国民的行事として学術調査をやるべきではないだろうか。

この邪馬台国連合と敵対していたと倭人伝に書かれた狗奴国は伊勢湾周辺の東海勢力だと考えられる。その理由は弥生時代から当地の土器や墳墓には独特のものが盛行しており、畿内以西の列島西部とは一線を画していることにある。しかし、纏向から見つかる搬入土器の半分は、東海地域からのものであることが判明している。このことから私は両者の関係は実は敵対していたわけではないことに注目し、卑弥呼王権が、倭の半島派兵を要求する魏の王朝に対し、断りの口実として練られた外交戦略であったと分析し、拙著の小説「蓬莱島見聞録」でその状況を描いた。邪馬台国問題の最重要な課題は都の所在地云々ではなく、当時の東アジアの国際情勢と外交という観点であろう。その意味で魏志韓伝にある帯方郡太守・弓遵《きゅうしゅん》が韓族の反乱によって殺害された、という重大な事実を無視や軽視してはならないと考える。「夷をもって夷を制す」という手法は歴代中国王朝のお手のものだったはずだ。

弥生時代の終末期から古墳時代の初め（邪馬台国時代）は、列島内のみならず、対外的にも物流（人の交流・移動も）が活発に動いた時期であった。巨視的に見ると、漢帝国の衰退と公孫氏の勃興、そして大陸の三国抗争時代による動乱の波が周辺諸国へ押し寄せてきた時代であった。列島に於ける国家樹立への志向も、そのような環境下における危機意識のもとに醸成されていったと考えることが出来る。

瀬戸内は吉備を核として東西の物流が盛んであったし、日本海沿岸や太平洋沿岸などの拠点集落も活況を呈しており、北陸・東海以西の西日本各地は、まさに一体化した様相を見せるのである。

対外的にも博多湾沿岸の比恵・那珂遺跡や博多遺跡、西新町遺跡等を中心とした博多湾貿易が楽浪郡や帯方郡それに朝鮮半島各地との間に盛んに行われていた時期であった。この地域が畿内の庄内式甕をいち早く受け入れ、列島各地の土器が搬入されたことは、ヤマトと奴国の結びつきを雄弁に物語っている。（久住猛雄氏・福岡市経済観光文化局）

国内航路の想定は、大和―（大和川）―河内―（瀬戸内）―吉備（投馬国）―（瀬戸内～玄界灘）―不弥国（古賀市）―奴国（福岡市）―伊都国―末盧国―壱岐―対馬というルートであった。いずれにしても倭国にとって、この西日本連合の成立はヤマトから九州を経て朝鮮半島へ、という一気通貫の大動脈である航海ルートが確立したことが極めて大きな意味を持っていたのである。

卑弥呼使節団のイメージ

魏志倭人伝には卑弥呼が送った使節団が三回、その後の女王・台与《とよ》の使節団が一回、そして魏が送って来た使節団が二回記録されている。しかしながら、航海に関しての記録はほんの一部を除いて詳しく

倭船と航海のイメージ
準構造船（杉の単材）　14m（最長）　1．5m（最大幅）
同程度の船4隻で船団を編成
乗員　水主16人　他5人　合計21人　昼間のみ漕航
パドル漕ぎ（2～3交替）　総員84人

巡航速度　3ノット　＝1852m×3＝時速5．56km
一日距離　33．4km　＝（5．56km×6時間）

魏（洛陽）・帯方郡（楽浪郡）へ遣使のイメージ（大和⇔中国）
大和～洛陽までおよそ151日（5か月余り）の行程。

総行程は約3500km（帯方郡は丁度中間距離となる）
であり、単純に航海日数を割り出すと105日となるが
（3500km÷33．4km＝104．8日）これに潮待ち、
風待ち、休養、補給などのロスタイム30%を見込み
104．8日×1．3＝136日となる）
これに中間地点の帯方郡役所における滞在期間（儀式
手続き、休養など）半月（15日）を見込み総計151日となる。

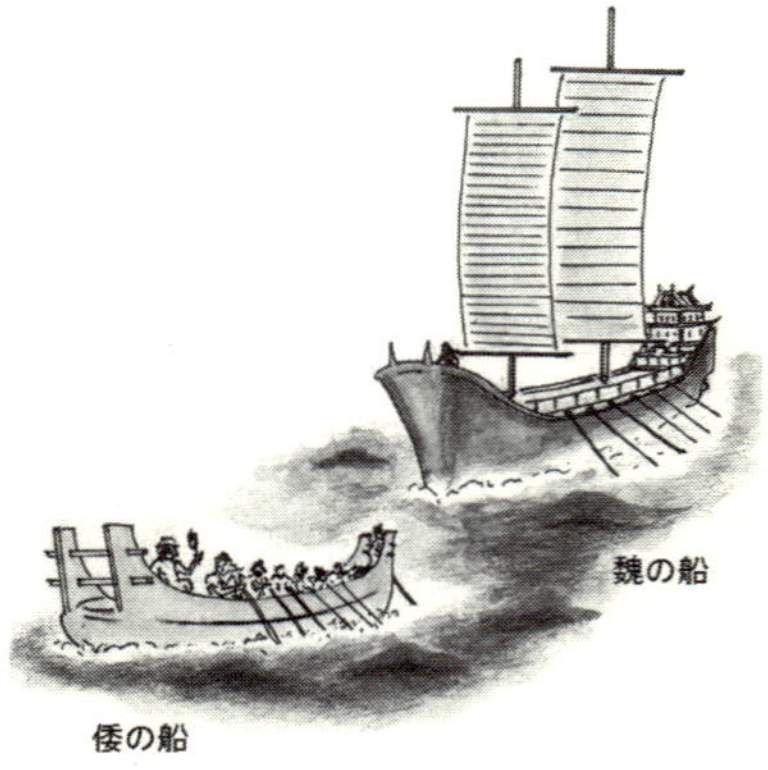

図 37　邪馬台国の遣使　著者作成

記述されていないのは大変残念なことである。

魏の船は帆を備えた構造船であったことは間違いないが、おそらくは帯方郡ないし楽浪郡に配備されていた大型の軍船を利用した可能性が大きいと思われる。問題は倭の船であるが、海事史と考古学の知見から当時の倭の船を再現することにしたい。弥生後期には準構造船を使用していたと考えられるので、単材の準構造船とする。パドル漕ぎの交替制で漕航する。乗員は水夫を含み一隻当たり二十人程度。帆は丸木舟ベースの幅が狭い船体では極めて不安定となり転覆の恐れがあり備えていない。

イメージ図の詳細をご参考にして頂きたいが、巡航速度は三ノットとして、一日当たりの漕航距離は三十三km程度とする。先述したように対馬海峡西水道を渡るには約六十kmあるが、ここ一番と云う時には日の出から日の入りまで、明るい時間帯を最大限に活用し、さらに潮流をうまく利用したであろう。途中の島々を中継地とすれば、十分渡海可能な距離である。これらの数値を元にヤマトから洛陽までの所要日数を計算すると約五か月を要

することになる。まさに大航海旅行なのだ。

また倭人伝には「その行来《こうらい》に海を渡りて中国に詣るときは、恒《つね》に一人をして頭を梳《くしけず》らず蝨《しらみ》を去らず、衣服垢汚《こうお》せしままに、肉を食らわず、婦人を近づけず、人を喪《そう》するが如くせしむ。之を名付けて持衰《じさい》となす」とあり、この修行僧のような持衰という者に航海安全を祈願させ、その航海が首尾よく行ったならば多大の褒美を与え、逆に死者が出たり遭難したりした場合には、その者を殺すという風習を記している。云わば、それほど航海が危険に満ちており、神頼みの所業であったことを意味しているのだ。

魏志倭人伝には「今、使訳の通じる所三十国なり」として通訳付きの使者が通う小国が三十あることを記している。これを短絡的に解釈して、三十国それぞれの国が独自に船を仕立てて直接交易に及んでいたと解する論者も多いが、先述の通りこれは不可能に近い。

実際には各地から九州北部までリレー方式で代表者数名と交易品を運び、後は、奴国か伊都国あたりから玄界灘渡海業者（通訳も含め）に朝鮮半島や楽浪・帯方両郡との往復を委ねたに違いない。この一連の交易業務を差配していたのが、伊都国に居た一大卒である。

渡海業者と書いたが、これに特化した専門業の存在を想定することは難しく、実際には普段は漁撈生活を営み、お呼びが掛かった場合の都度船や乗組員の調達にあたり運航に従事したものであろう。彼らの中には半島各地との往来を重ねるうちに、現地の言葉にも通じて、通訳の役目を果たすような人々も出現したに違いない。彼らの存在価値は高く、おそらく謝礼も十二分なものであったろう。

それでは、彼らは積み荷や飲料水や食料を、どのようにして運んだのであろうか。丸木舟ベースの準構造船では、浸水の恐れが最も少ない所が最上級の場所である。船尾部の一段高い場所（船体）には木枠で固定された大甕があり、その中には、献上品であった反物や玉類が厳重に布に包まれ、木箱に入れられて保管されていたであろう。甕の口には動物の皮を幾重にも重ねて厳重に閉じられていたはずだ。飲み水は壺に、食べ物は甕に入れられ、なめし皮で蓋をして縛る。水は滞留すると腐食するが、船上で揺さぶられる場合は長期間（一か月程度）でも大丈夫である。食べ物は糒《ほしいい》（＝干し飯とも）である。米を一度煮たり蒸したりした後、天日で乾かしたものを水や湯で戻して柔らかくして食す。そのまま食べても構わない。また焼米もあったであろう。籾を煎って殻を除き、糒同様にして食す。海浜部に集落の多い日本列島では、魚介類の干物も長期保存が効くので、食されたことが当然予想される。そのような壺や甕といった容器類は、揺れによる転倒を防止するために木枠で船体に固定されていたはずである。

帯方郡からやって来た魏使一行が、都の邪馬台国（ヤマト）に行ったかどうかという問題がある。都合二回の遣使があったが、皇帝の詔書や金印紫綬、それに黄憧や檄（簡）などは都である邪馬台国へ赴き、卑弥呼や重臣に直接渡したはずだとの見解も多い。しかし、倭人伝には伊都国に居る一大卒は、外交関係の品を検閲する、いわゆる捜露の権を有しており、実際の授受はここで完結しているのである。なによりも卑弥呼や都に関する伝の描写には迫真性が全く感じられず、それが倭人からの聴き取り記録であることを強く窺わせる表現となっている。

魏志にある邪馬台国までの行程記事を解読すると、奴国（春日市・福岡市）の次に不弥国（古賀市・糟屋郡）があり、そこから水行して二十日で投馬国（吉備・岡山市周辺）に至る。そこから水行十日にして邪馬台国（ヤマト・纏向）に至る、と記す。志賀島に繋がる海の中道の付け根にあった、現古賀市の港から玄界灘を東へ向かい関門から瀬戸内へ入り、岡山へ至る。瀬戸内を東行し、古河内湾に入り、大和川を遡り纏向へ到着するという航路である。この水行三十日という日数は、まさに倭人の準構造船による推定日数ともピッタリであり、後世の航海記録などとも整合性がある。帯方郡の使者は都までの旅程を倭人から聞き出して記録に留めたものであろう。なお陸行一月は一日の誤りであろう。

さらに、上京に使う交通手段（船）の問題があることを忘れてはならない。魏の船は大型の帆掛け船（構造船）であることを先述した。この船で畿内へ行くことが可能であれば、魏使もそうしたであろうが、まず最初から諦めなければならない状況にあった。主要航路である瀬戸内においては、長距離航海上の要件は、既に満たされていたが、それはあくまで小型の倭人の船を対象としたものであり、魏船のような大型の帆掛け船が通った例はない。水先案内人は海域の状況には詳しいが、大型船や帆による航行を案内した経験は皆無であり、特に島や狭い水道の多い瀬戸内では危険極まりない。航路や港での水深はどうか、宿泊先での大人数の逗留体制はどうか、など航行に必要な基本的課題をクリアすることは、とうてい不可能であったろう。

それでは倭人の船を利用したらどうであろうか。それまで見てきた倭人の準構造船は、帆は備えておらず、専ら人力漕航である。小さな船体には波しぶきが遠慮なく浸入するので、乗員は当然海水でびしょ濡れ、しょっちゅう海水を汲み出さなければならない。それほど深く考えるまでもなく、彼らの上京は諦めざるを得ないのが実情であった。

倭の五王

五世紀代のヤマト王権は半島情勢を巡って高句麗との対抗上、中国・南朝の宋へ使節を送り冊封体制へ参入した。四二一年から四七八年までの間に九回遣使を行っている。この契機となったのは、後に宋を建国した劉裕（東晋の将）が南燕を攻略（四一〇年）し、山東半島を手中に収めたことが大きい。朝鮮半島西岸（百済）と山東半島の航海ルートが開けたのである。

朝鮮半島と山東半島を結ぶ黄海の海路は、既に春秋時代から開かれていたようで、その航路を推察すると、朝鮮半島黄海南道・長山串の南にある白翎島《はくれい》（ペンニョンド）と山東半島北東端にある成山角を結ぶ最短距離（百八十km）であったろう。成山角に着いた船は、山東半島北岸を西に進み、登州の港へ入る。

中国正史に書かれている讃、珍、済、興、武という倭の五王が誰を指しているのか、未だ定説は無いが、最後の武については、近年埼玉県の稲荷山古墳から出土した金錯銘《きんさくめい》鉄剣にある獲加多支鹵《わかたける》大王《おおきみ》を雄略天皇として、武に比定する見解が有力となった。

倭王・武の上表文には「百済経由で海路朝貢を志したが、無道な高句麗は百済侵略を止めず、道を遮ったため、朝貢も滞ってしまった」「朝鮮半島南部においては我が国が軍事支配してきた実績があり、この地域の軍政権の公認を願う」とある。最終的に中国側は既に朝貢実績のある百済を除いて、朝鮮半島南部の軍政権を認めたものの、倭王の処遇自体は高くなく、これに不満を持った倭は朝貢を止めて、冊封体制から離脱したとされる。

しかし、大陸の情勢を見ると、再び北魏の勢力の南進が続き（四六六～四七五年）山東半島を領有

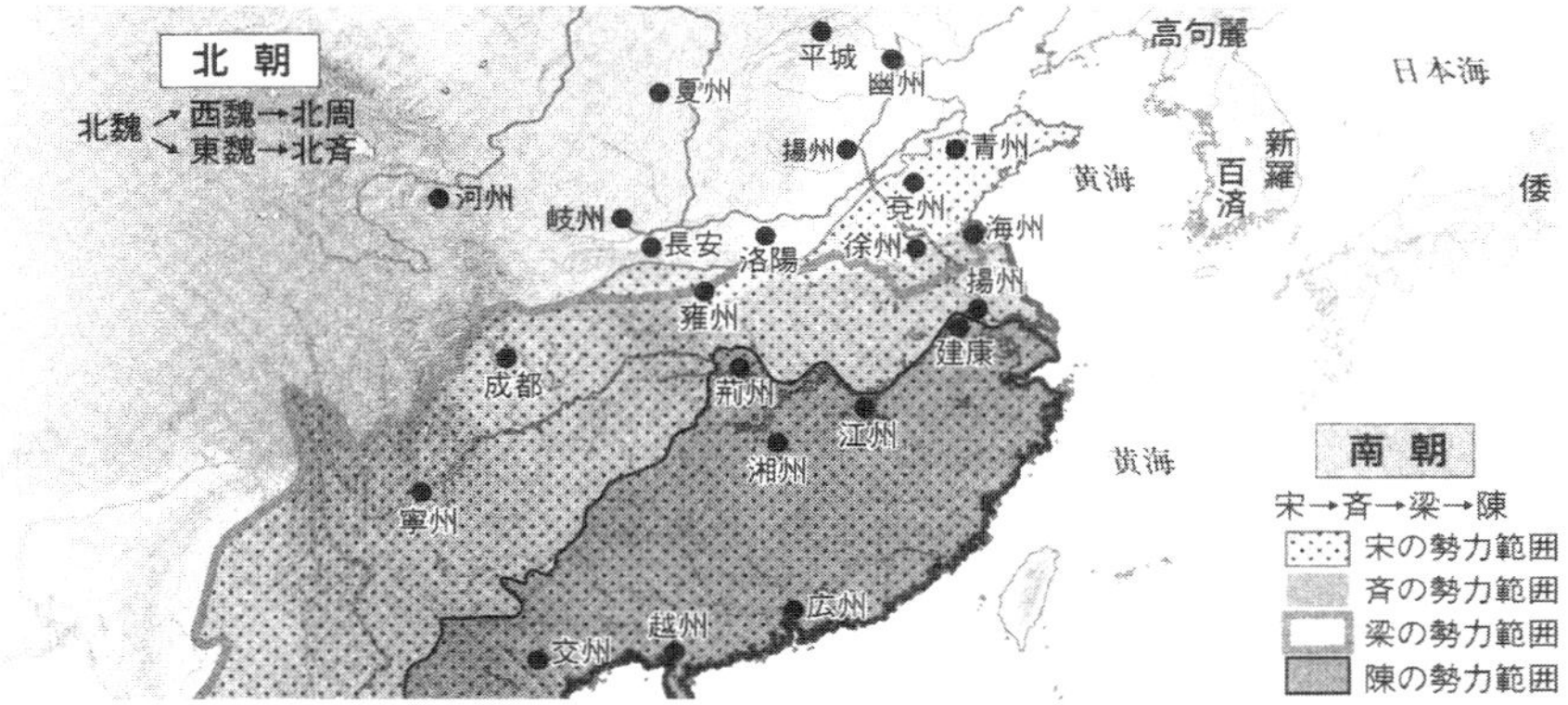

図 38　南北朝変遷と倭の五王　（『東アジア三国史』山川出版社・田中俊明より）

（四六九年）したことから、倭の通交ルートであった黄海航路は遮断されてしまう。北魏は、東夷諸国の船が南朝に通交することを厳しく取り締まったため、倭は遣使を中止せざるを得なかったのである。さらに四七五年に百済の漢城が高句麗によって陥落したことも、通交ルートを失う決定的な要因となった。

黄海に面した朝鮮半島の西海岸と山東半島の支配勢力の変遷が、倭の遣使に直接関わる大きな問題であった。これは、従来言われてきた「倭の遣使中止は叙正に対する不満」説とは別の、航海に関する現実的な問題があったことを特に指摘しておきたい。

高句麗・遣倭使

五七〇（欽明三十一）年に高句麗が初めて遣使して来たが、以後、七世紀後半まで十数回も来朝した。この背景には六世紀中頃から急速に力を付けてきた新羅に対抗する狙いがあった。当然新羅が支配する半島南東部沿岸部に立ち寄ることは出来ないので、この間は一挙に日本海を押し渡らざるを得ない。この時代には高句麗も帆を持つ構造船があったと思われるが、半島東海岸沿いを南流するリマン海流を利用して日本海へ出て、さらに東流する対馬海流を利用して倭の地へ辿り着いたのであろう。紀には、越に四回来航したという記録が見られるが、山陰から東北までの広い地域の海岸へ漂着したケースが多かったと思われる。

後世（八～九世紀）の渤海使が辿ったケースでも、似たような状況が再現されるのである。倭国から高句麗への遣使も当然あったはずだが、はっきりした記録は無い。この場合の往路（高句麗使の場合は帰路）は対馬海流に逆らって進まなければならず、南東風を捉えるためにかなり難渋したことが予想される。

六世紀の後半以降、高句麗使として来倭した人物に関連する日本書紀の記述は次の通りである。聖徳太子の師であった恵慈《えじ》は有名であるが、航海の危険を顧みずに仏教を中心に先進的文物を携えて懸命に倭国との緊密化を図った姿が窺える。

五八四（敏達十三）年　播磨に居た高句麗僧・恵便《えべん》に蘇我馬子は師事した。

五九五（推古三）　年　高句麗は僧・恵慈を派遣。厩戸皇子《うまやどおうじ》（聖徳太子）の仏教の師として有名だが、二十年間の滞在中は対立する新羅・隋を念頭に置いた僧侶外交を展開していた可能性が高い。

六〇四（推古十二）年　絵師の黄書画師《きぶみのえし》が来倭。

六一〇（推古十八）年　曇徴《どんちょう》が来倭。五経、紙、絵の具、墨を伝えた。

遣隋使（北路）

六〇〇（推古八）年　最初の遣隋使を派遣。実に、百二十二年ぶりの大陸通交である。日本書紀には書かれていないが、隋書により遣使したことが確認される。五八九年、北周の楊堅は、陳を滅ぼし三百年ぶりに中国を統一、隋を建国した。山東半島や遼西を手中に収め、航海ルートが開けたことが、倭の遣使再開に繋がったものである。

六〇七（推古十五）年　第二回として小野妹子を派遣。「日出る処の天子…」という国書で対等外交を志向したが、煬帝《ようだい》の不興をかい挫折する。ただし、他の諸国と違って官爵の授与は受けなかったので、不臣（対等ではないが、臣下でもない立場）の朝貢という独自の立場を堅持することになる。

六〇八（推古十六）年　隋は裴世清《はいせいせい》を小野妹子の送使として派遣、入京す。

六一四（推古二十二）年　第三回として犬上御田鍬《いぬかみのみたすき》等を派遣。

遣隋使の航海ルートは、日本書紀では確認できないが、随書にある隋使・裴世清の記録では、山東半島・登州～（黄海渡海）～朝鮮半島中部～南西部海岸～南部海岸・竹島（耽羅《たんら》国遠望）～（朝鮮海峡横断）～都斯麻《つしま》国～一支《いき》国～竹斯《ちくし》国～（瀬戸内海）～難波津《なにわつ》～入京というルートを通ったことが分かる。

この事例から、倭の遣使団も往復とも同様の海路を辿ったことが推定される。

前期遣唐使（主に北路）

遣唐使は六三〇年から八三八年までの約二百年間にわたり十五回派遣されたが、主として朝鮮半島経由の北路をとった飛鳥時代の遣唐使を前期と呼ぶことにする。

六三〇（舒明二）年　最初の遣唐使派遣（犬上御田鍬ら）（北路）

六三二（舒明四）年　唐使・高表仁来倭。対馬を経て難波津に到着し、歓迎式典を執り行う。大王の謁見はなし（北路）

六三三（舒明五）年　高表仁帰国。旧唐書には、倭の王子と礼を争った、とある。聖徳太子との間で、外交儀礼に関して、何らかのトラブルがあった可能性がある（北路）

六四五（大化元）年　乙巳《いっし》の変（大化の改新）皇極譲位す

六五三（孝徳四）年　第二回遣唐使派遣（北路一隻・南路一隻は遭難、沈没）

六五四（孝徳五）年　第三回遣唐使派遣（北路）この年、孝徳没

六五九（斉明五）年　第四回遣唐使派遣（南路）南海の島に漂着

六六三（天智二）年　白村江の戦い　倭軍、唐・新羅連合軍に大敗

六六四（天智三）年　唐、百済鎮将・郭務悰《かくむそう》を倭に派遣（北路）

六六五（天智四）年　唐使・劉徳高らを倭に派遣。入京す（北路）

同　　　　年　第五回遣唐使派遣（北路）（謝罪・唐使劉徳高らの送使）

六六九（天智八）年　第六回遣唐使派遣（北路）（平高麗賀使）

前期（六回まで）の遣使は原則として朝鮮半島の西海岸を経由して山東半島に向かう北路（従来ルート）であったが、六五三年の第二回遣使団二隻のうち一隻が、初めて南路（東シナ海横断直行ルート）を試みたが、薩摩沖で遭難、沈没してしまう。六年後にも南路を執ったが南海の島に漂着した。おそらく新羅との関係悪化拡大を予測し、南路ルートを模索していたのであろう。

白村江の戦い後、半島を統一した新羅との関係が微妙となり、航海途上での全面的協力が期待できない事態に直面して以降、八世紀に入ってからは危険度の高い南路を採らざるを得なくなった。

後期遣唐使　南路の時代

遣唐使は六三〇年から八三八年まで計十五回派遣された。初期は朝鮮半島の西海岸を経由して山東半島に向かう北路（従来ルート）であったが、新羅が勢力を拡大するに連れて（五五二年に漢江以南を、六七二年に大同江以南を、更に七三五年には鴨緑江以南の黄海沿岸域を押さえた）、協力を得ることが次第に困難になってきたため、唐への新しい直行ルートを開発する必要に迫られた。遠洋航海の途上経由地でのサポートが得られなくなることは、即航海の失敗に繋がることを意味するからである。

六六九（天智八）年、第六回の遣使を最後に、敗戦の影響から遣唐使は中断されていたが、七〇二（文武・大宝二）年、遣使を三十三年ぶりに復活させた（第七回）。

この時、東シナ海を横断する南路をとったが、これ以降は渤海路をとった一例を除き、全て南路である。新たに我が国が日本国を名乗ったこともあり、筆者はこの遣使を画期と捉えて、これ以降を後期遣

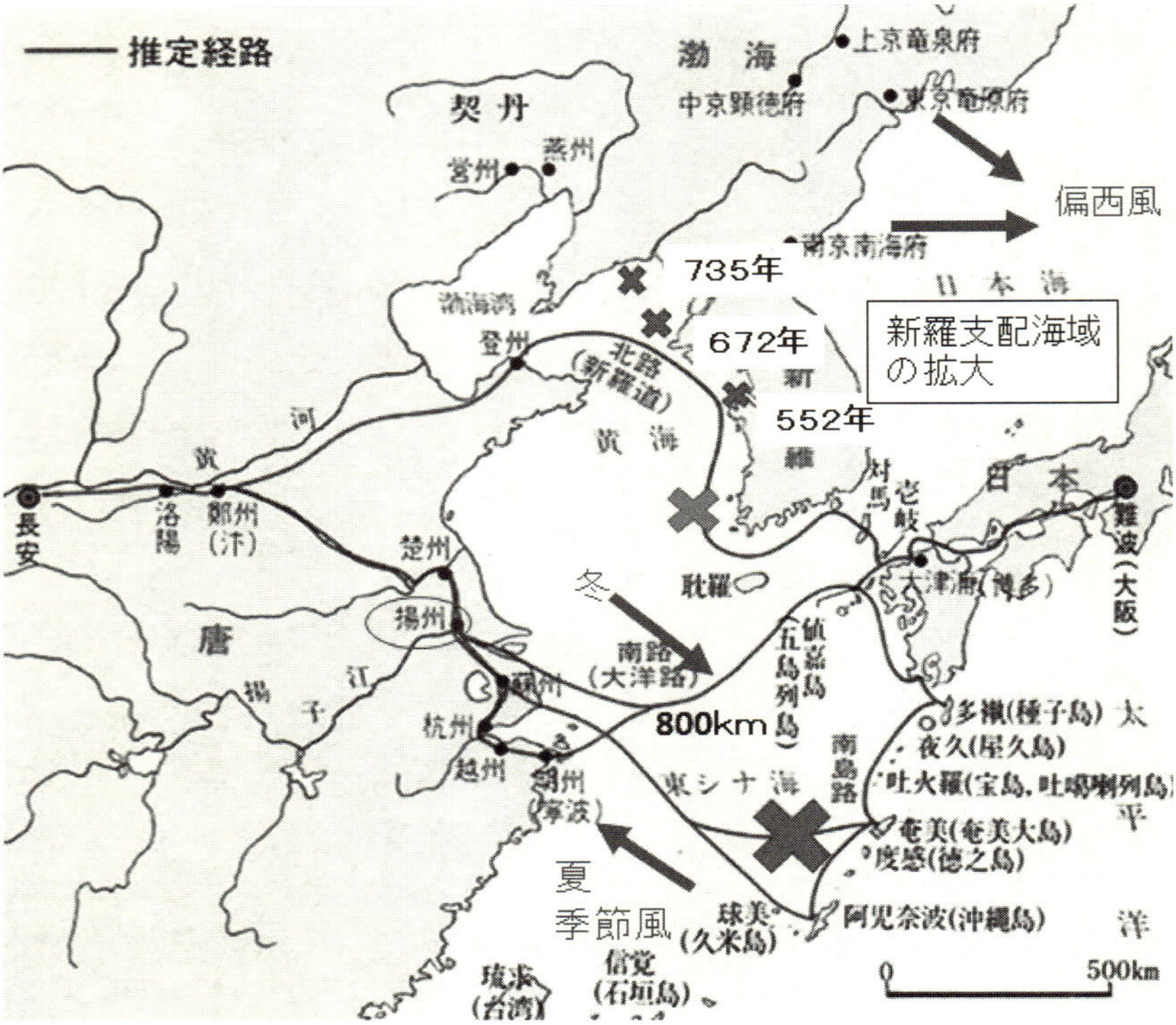

図 39　遣唐使船の航路　（日本大百科全書（ジャパンナレッジ）に一部加筆）

唐使と呼ぶ。難波を出航、瀬戸内海を経由して最後の寄港地となる五島に赴く前に、那の津（博多）に於いて逗留し航海安全祈願や物資の調達を行った。続日本紀によれば、この頃（八世紀には博多大津の名が見出だされ、以後博多という地名が定着する。

後期最初の遣唐使には遣唐大使の上に立つ執節使（特命全権大使）として粟田真人《あわたまひと》が任命された。律令制度を整えた新生日本国を時の則天武后《そくてんぶこう》に認知してもらう、という大目的があったのである。この時、日本は他の朝貢国とは違って、独自に決めた国号と年号を使用しており、言わば「不臣（天皇は中国皇帝の臣下ではない）の朝貢」という立場を堅持していることは注目に値する。

七一七（養老元・第八回）年からは四隻で船団を組み「四つの舶《ふね》」と呼ばれて、五島列島から東シナ海を横断する直行航路をとり、大陸の長江下流域の蘇州、揚州を目指した。この南路は長距離（約八百㎞）で、大陸の目的地付近の海域には広大な砂洲が拡がっていたため難渋を極めた。詳細は不明なところが多いが、四隻とも無傷で帰還出来た例は稀であった。

七三三（天平五・第九回）年の遣唐使一行の中には吉備真備《きびのまきび》や僧・玄昉《げんぼう》、やがて唐土に骨を埋めることになる阿倍仲麻呂が居た。四船とも無事蘇州に到着した。

翌年（七三四）の帰国船は東シナ海で暴風雨に遭い、大使・多治比広成《たじひのひろなり》の乗った第一船のみ種子島へ漂着。第二船は福建方面に漂着後、修理して翌年帰着した。第三船は南へ流されて崑崙《こんろん》（チャンパ王国・現在の南ベトナム）に漂着した。乗員九十人は捕えられた後、殆んど殺害されたりマラリヤのために死亡し、生き残ったのは判官・平群《へぐりの》朝臣《あそん》広成《ひろなり》と水手三人だけであった。彼らは二年後に救出されて長安に戻ることが出来た。帰国に際しては阿倍仲麻呂の尽力により山東半島（登州）から渤海を経由し、渤海遣日使船で出羽に漂着し、無事帰国を果たした（あとの一船は転覆沈没し全員死亡した）。

第四船は行方不明となった。

七五二（天平勝宝四・第十回）年の遣唐使の帰国便（七五三～七五四年）では、第一船に阿倍仲麻呂が乗り合わせていたが、南へ漂流し安南（ベトナム中部）へ漂着してしまう。百八十名の大半が殺害されたが、大使・藤原清河と共に仲麻呂等の十余名ほどが救出された。

第二船には大伴古麻呂と共に、有名な唐僧・鑑真が乗り合わせた。五度に亘る渡航失敗と失明をおし

推定復元船（構造船）
全長 30m
最大幅 9m
積載量 150t
箱船（モノコック構造）
マスト 2本 横帆
櫂 20本

五島列島（値嘉島）から長江河口まで、記録では最短3日、最長30日、平均7日であった（上田雄説）

図40　復元した遣唐使船　（角川文化振興財団）

ての来日である。日本の招聘に応じて授戒制度（僧侶資格の審査）を確立するために十数人の弟子を引き連れての来日であった。この船は益《や》久《く》（屋久島）を経て薩麻国へ辿り着いた。

第三船は吉備真備・玄昉が乗船していたが、後に大仏の開眼供養で開眼師を務めることになるインド僧の菩提僊那《ぼだいせんな》が居た。第三船は屋久島からさらに紀伊の国（太地）へ漂着した。

残る第四船は出航直後に火災事故を起こし、翌年薩麻国へ辿り着いた。

七七五（宝亀六）年、唐・粛宗は日本へ大使・趙宝栄を派遣したが、難破して水死した。このため随行の判官が代行し、光仁天皇と会見した。

八〇四年（第十四回）の遣唐使の中に空海と最澄が居た。翌年、最澄は対馬を経由して帰国を果たした。さらにその翌年には空海が五島の玉之浦に無事帰還した。この二人の例や他の記録から判断すると、帰国の際には長江河口から船出して五島ないしは九州本土を目指していたことが推測できるが、目的地へ正確に辿りつくことは困難で、実際には漂着といった形でやっと帰着したようだ。

八三八年（第十五回）結果的には最後の遣唐使となったが、往路で三船を失い（破損）、帰路は新羅の船を調達して北路をとり無事帰国した。このように往路で船を失った場合には、帰路（この場合は北路）唐や新羅の船をチャーターするか便乗せざるを得なかったのである。

奄美諸島や沖縄諸島を経由するという所謂南島路については、従来南路と並列的に考えられてきたが、南島（琉球列島）経由は初めから意図したものではなく、帰路の際に強風や逆風に流されて結果的にこれ等の島々へ漂着、あるいは立ち寄ったとする上田雄説に賛同する。距離的にそれほど短縮される訳ではなく、二度も黒潮を突っ切ることは大きな危険性を伴うからである。

南路をとった遣唐使船の詳細なデータは残っていないが、遣唐使に関するいくつかの記録によれば、本格的に外洋渡航のために建造された百五十人程度の乗員を載せる大型構造船（船体構造をすべて板材、角材で造る。全長三十ｍ、最大幅九ｍ程度と推測）であり、櫂《かい》のほかに帆が備わっていた。ただし、竜骨《キール》は無く平底であり、横滑りを防ぐ構造ではなかった。また当時の帆は横帆と呼ばれる追い風の場合のみ利用される固定式のものであり、横風や向かい風でも効力を発揮する現代の縦帆とはその機能において格段の差があることを認識しておかなければならない。

上田雄氏の分析によれば、遣唐使船が渡海に要した日数は大体六日間から九日間程度で平均は七日間。速度は平均時速四・八㎞（二・六ノット）とする。帆掛け船の場合は手漕ぎの船とは異なり、風向きや風力に大きく左右されるので、記録としては最短三日、最長三十日というレコードが残っている。したがって東シナ海を横断するには往路は夏場の南東風、復路の冬場は北西風を利用することが帆走に都合がよいが、冬の東シナ海は大荒れになる日も少なくなく、遭難例を見ても冬季を選んだ帰路に多い結果となっている。

遣唐使が廃止となり、さらに唐が滅亡（九〇七年）した後には、中国・明州（寧波）を拠点とした江南ルート（東シナ海直行）の中国商船が交易に活躍した。五島と舟山列島の間を五〜六日程度で航海した記録が残っている。日本でもこの中国船を真似て中型船を建造したようだ。

渤海使（渤海・遣日使と日本・遣渤海使）

渤海より日本を訪問した使節は、七二八年から九二二年の間に実に三十四回にも及ぶ。七二八年、最初の使節は出羽国の蝦夷《えみし》居住地に漂着し、二十四人中十六人が殺されるという悲劇を生んだ。唐や新羅との対立により日本側への朝貢形式をとった。当初は軍事的意味合いが強かったが、次第に貿易面へと性格が変わっていった。晩秋から冬季にかけて北西風を利用して来ることが多かったが、当初は対馬から出羽までの広範囲に漂着する形であった。後期になると、能登を中心に以西の海岸に到着するようになった。出航地のポシェット湾から朝鮮半島の東海岸沿いを進んだと予想されるが、敵対していた南部の新羅勢力圏内は寄港することは出来ず、半島の東岸沿いを一気に南下して日本列島に辿り着く形を取ったことが想定される。帰国航路は対馬海流に乗り北東に進み、その後西へ進路を取りリマン海流を利用して沿海州沿岸を南下したと推測される。

日本から渤海へは、七二八年から八一一年までの間、十四回の渤海使が送られた。

渡航距離は長いが海難事故は意外に少なく、渤海使は遭難六件（内人命喪失四件）で日本使は遭難四件（うち人命喪失なし）となっている。このことは両者とも危険性の高い日本海を横断する直行ルート（能登半島―ポシェット湾、約八百km）を避け、海流を利用した沿岸航路であったことを裏付けている。

なお、渤海の前身とされる高句麗使については先述したが、六〜七世紀の高句麗の使いは、朝鮮半島東沿岸から日本海を渡って来る航路をとっているので、航路選定の上で貴重な先例となる。確証は無いものの何らかの資料が残っており、渤海国となってから有効利用されたのではないか、と推察する。

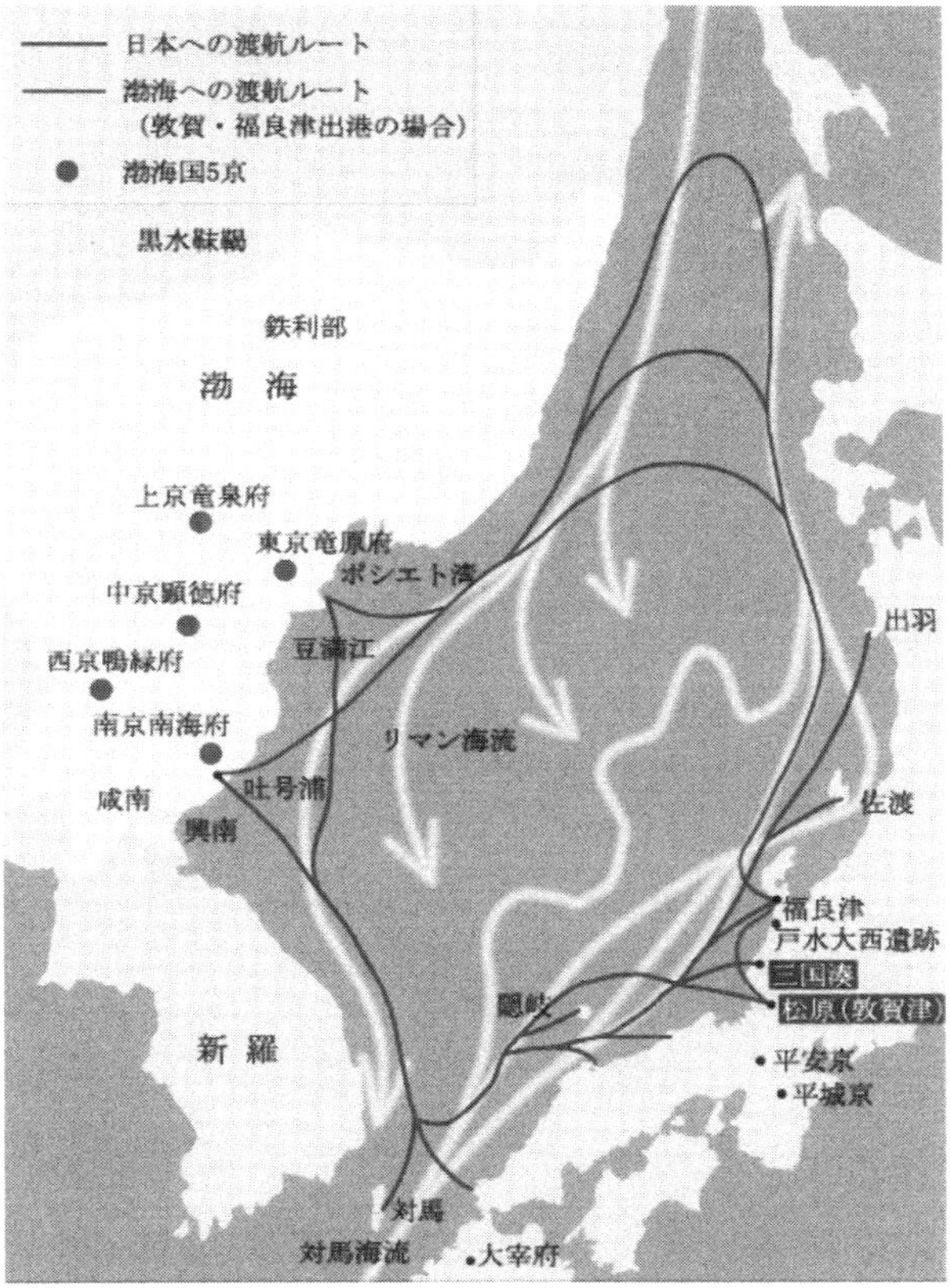

図41　渤海使の航路　（福井県文書館　図説福井県史）

新羅使（新羅・遣日使と日本・遣新羅使）

日本が新羅に対して派遣した使節（日本遣新羅使）は、第一回の六六八（天智七）年に、同年来日した新羅使の送使として派遣してから八十五年間続いたが、七五三（天平勝宝五・第二十三回）年を最後に、派遣は中止された。

新羅が日本に派遣した使節（新羅遣日使）は第一回（六六八年）から七八〇年まで三十回以上を数える。短期間のうちに両国の使節の往来は活発であったが、全体として見ると、新羅側の対日姿勢は、唐との関係によって規定されていることが分かる。当初は、六六八年に高句麗が唐に降った後、半島支配を巡る唐羅間の緊張事態が発生したため、敗戦国のはずの倭国に対し服属姿勢で接近して来たのである。

しかしその後、統一新羅は唐の渤海征討作戦に協力し、七三五年に大同江以南を割譲されて関係が修復された。同年、新羅使は自国を「王城国」と称し、無断での国名変更に日本は態度を硬化させた（王城国事件）。

以後の新羅使は大宰府に留め置かれ、入京を許されなかった。その後、七五二（天平勝宝四）年には王子・金泰廉以下七百名を送り、大仏建立に必要な大量の金を持参、関係修復を図ったりしたが、基本的に対等外交を求める新羅と従来通りの朝貢（服属関係）を要求する日本の態度は相いれないものがあった。

この使節の往来は当然、壱岐・対馬ルートであったが、続日本紀や三国史記にも具体的な記述は殆んど無い。その中で、七三六（天平八）年の阿倍継麻呂大使の遣新羅使一行の詠んだ歌は万葉集一五の大半を占めているため、その行程がある程度分かっている。

一行は難波の津を船出した後、瀬戸内海を進み、途中風早浦（現東広島市）、倉橋島、分間浦《わくまのうら》（現中津市）などを経由し、筑紫館《つくしのむろつみ》（＝博多湾岸に設けられた外交使節の接待兼宿泊所）に到った。その後、韓亭《からとまり》（唐泊、能許亭、現能古島）、引津亭（現糸島市）から狛嶋亭（現神集《かしわ》島・唐津湾沖の玄界灘に浮かぶ島）に渡り、壱岐島、そして浅茅《あそう》湾、竹敷浦（ともに現対馬）を経て新羅（慶州）へ向かっている。古来からの島伝いの安全ルートであるから、よほど無理をしない限り心配の要らない船旅であったろう。九世紀も後半になると、新羅の国内は政変や天災により混乱し、困窮した新羅人が船団を組んで対馬や博多、松浦など九州北部を襲い、両国の関係はますます悪化するようになった。（新羅入寇）

羅針盤（コンパス）

長距離航海の場合には、地磁気の作用によって方向を知る羅針盤（コンパス）が必要である。南北を指し示す磁石そのものは中国の春秋時代に指南車があり、魏の時代には指南魚、隋・唐代には指南亀といったものが記されている。ただし、海上で役に立つためには船が揺れても常に南北を指すことが求められる。そのような実際の航海に役に立つ指南針が誕生したのは、十一世紀の北宋時代であった。今では羅針盤は中国の四大発明のひとつとして知られている。

日本でも斉明紀に指南亀が記されているが、おそらく航海には役に立たなかったであろう。

確実に使用が判明しているのは、あの倭寇が取り入れた結果だった。明代の中国の書物『籌海図編《ちゅうかいずへん》』（一五六二年刊行）によれば、後期倭寇の八幡《ばはん》船は中国船に倣い船底を二重張りにして尖らせ、風向きに関係なく航行出来るようになった、とあり別の書物では羅針盤も使用していたという。

あの悪名高き倭寇（もっとも後期倭寇には中国人、朝鮮人が多かったと言われている）の時代に羅針盤と縦帆を備えた本格的な帆船（構造船）が出現したのである。この時代の朱印船は遠く東南アジア各地まで航海しており、日本航海上に於いて、ひとつのピークを示している。

第２章　戦いの歴史

広開土王（好太王）碑文と半島派兵

現在の中国・吉林省集安にある高句麗の広開土王（三七四～四一二年）の顕彰碑（高さ六・三ｍ）には、四世紀末から五世紀初めにかけての倭国の朝鮮半島軍事介入に関する記述がある。そこには三九一（辛卯《しんぼう》）年に倭兵が渡海して朝鮮半島南部を支配したとあるが、実際には高句麗の南下政策に対抗するために加耶諸国や百済が倭に援助を要請し、倭が派兵に及んだものと理解されている。

高句麗が南進し百済に侵攻した際（三九七年）には、阿莘《あしん》王は王子の腆支《てんき》を倭国に人質として送り、援助を求めた。この例を含めて、四世紀末から七世紀半ばまで、百済は九人、新羅は三人の太子クラスの人質を倭に差し出している。この数字は、筆者が日本書紀の人質に関する記述の全てを当たり、渡来して来た王族のうち短期間や不確実なものは除外した数字である。注目すべきは、倭国が百済や新羅に人質を差し出したケースは皆無、つまり人質のやり取りが一方通行なのだ。このことは倭国と朝鮮半島南部諸国との力関係を示すうえで大変重要である。海を隔てて半島の背後にある倭国は、その地政学上の有利さを最大限に利用したのである。

この時期、新羅は高句麗へも人質を出している。倭国と高句麗双方へ人質を差し出さざるを得なかった同国の苦しい状況をよく顕している。この点、同じ人質であっても春秋・戦国時代の中国では、諸国王同士の盟約の証としてお互いに人質を交換していた。いわば、同格の国同士の関係である。秦の始皇帝は、父「子楚」が趙国の人質となっていたため同国の首都・邯鄲《かんたん》で生を受けたことはよく知られている。

先の大戦の日本敗戦より以前は、日本書紀の記述は正当視されることが多く、日本が任那日本府という統治機構を通じて朝鮮南部を支配したことは、云わば当然視されていた。したがって、質のことなどは当たり前のこととされて注目もされなかったが、逆に敗戦後になると日本書紀などは、ほとんど偽書扱いで見向きもされない傾向が続いて来た。しかし、近年の韓国や日本での考古学的発掘調査の知見は、これら古文献の根本的な検証や見直しを迫っているように思われる。

もっとも倭国側の援助・協力とはいっても、敵対する高句麗が半島全部を支配する事態となれば、軍事的緊張を招くだけでなく、鉄資源を始め先進文物の入手が脅かされることになるので、自国権益確保のためにも動かざるを得ない事情があったのである。

図 42　広開土王碑　（日本書紀の解明　邪馬台国と大和王権　so-net より）

倭兵の実態は不明であるが、航海に慣れていることもあり水軍主体の兵で構成されていたと考えられ、その主な活躍の場は海と河川であったろう。好太王碑文には、四〇四年に「倭が不軌にして帯方界に侵入したので、王は親征してこれを破った。倭寇は潰え敗れ斬殺された者多

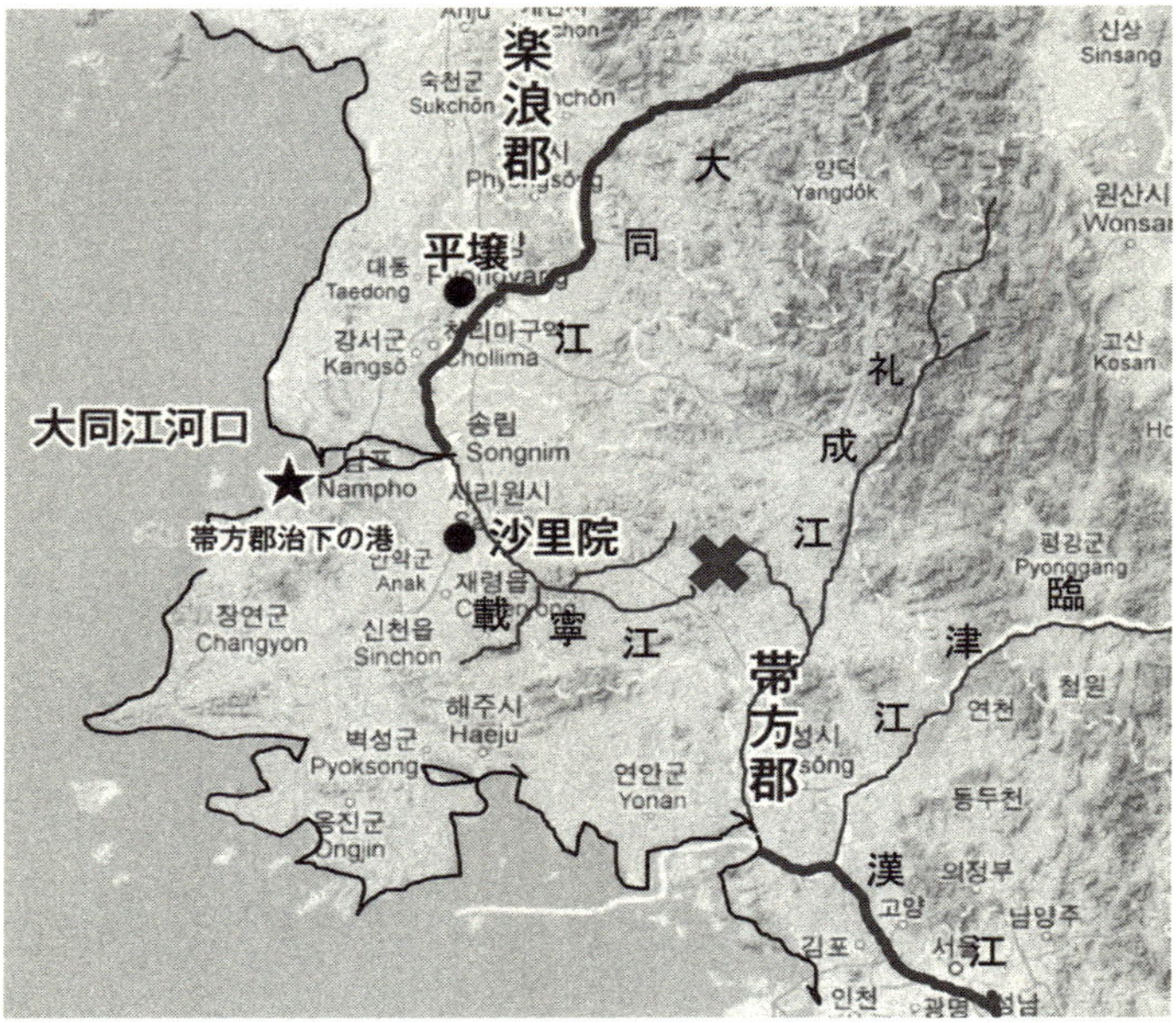

図43　礼成江（大同江と漢江河口）　（Googleマップを基に著者が作成）

数」という行《くだり》がある。

この部分には文字が読み取り難い箇所があるが、「連船」と読める文字が認められ、水上での戦いであったことが窺われる（連船とは蓮舫と同じく、もやい船だと解釈される）。

楽浪郡の所在は平壌《ピョンヤン》が定説となっているが、帯方郡の所在については幾つかの説に分かれており未だ決着をみていない。その中で、私は考古学的遺構や遺物から見て現北朝鮮の黄海北道鳳山郡沙里院《さりいん》にある智塔里《ちとうり》土城説を支持する。大同江を遡り、さらに支流の載寧江《さいねい》を南へ遡った位置にあり、平壌の南五十㎞の地点にある。

倭の水軍の帯方界侵入という作戦は、まさか大同江を利用したとは思えないが、半島中部には北東から江華湾に流入する礼成江と云う河がある。実はこの河の中流域はかつて帯方郡があった沙里院とはそれほど離れていない。倭の水軍はこの礼成江を遡り、帯方界に侵入したのであろう。通常、高句麗王自らが前線に出撃することは稀だとされているが、（旧）帯方郡役所近くに突如現れた敵兵に驚き、急遽出撃を敢行したのであろう。よほどの一大事であったので、わざわざこの事実が書き留められることになったものと推察される。

碑文では倭兵の姿は常に高句麗兵により打ち負かされる存在として描かれているが、この碑文はあくまで広開土王の顕彰碑であり、実際のところは分からない。雄略紀には、二例ほど高句麗軍を大敗させたとの記述があるし、朝鮮半島の南部海域の島々や錦江、洛東江、栄山江といった河川の流域には多くの倭系墳墓が造られているのだ。歩兵ではなく、船という水上の機動力を主体にした倭軍は、高句麗にとっても、かなり厄介な存在であったのではないだろうか。それは、その後も加耶や百済の背後にちらつく倭兵の影が存在し続けたことからも読み取れるのだ。

栄山江流域の前方後円墳

韓国全羅南道（一部は全羅北道）には現在十五基の前方後円墳が確認されて、うち七基は発掘調査が実施されている。海南郡を除けば栄山江流域という狭い範囲に集中し分布しているのが特徴だ。また築造時期も五世紀の後期後半～六世紀前期前半の約五十年という比較的短期間ということも特徴の一つとなっている。発見当初は日本の前方後円墳の原形ではないかと取沙汰されたことがあったが、日本列島においては三世紀の出現が確実視されていることから、この説は成立せず、今日では、この古墳群の性格や位置づけ、特に被葬者観が問題になっている。

またこの地域が当時の百済の支配が及ぶ直前の旧馬韓地域だと見られ、梯形《ていけい》や方形や円形の墳丘を持

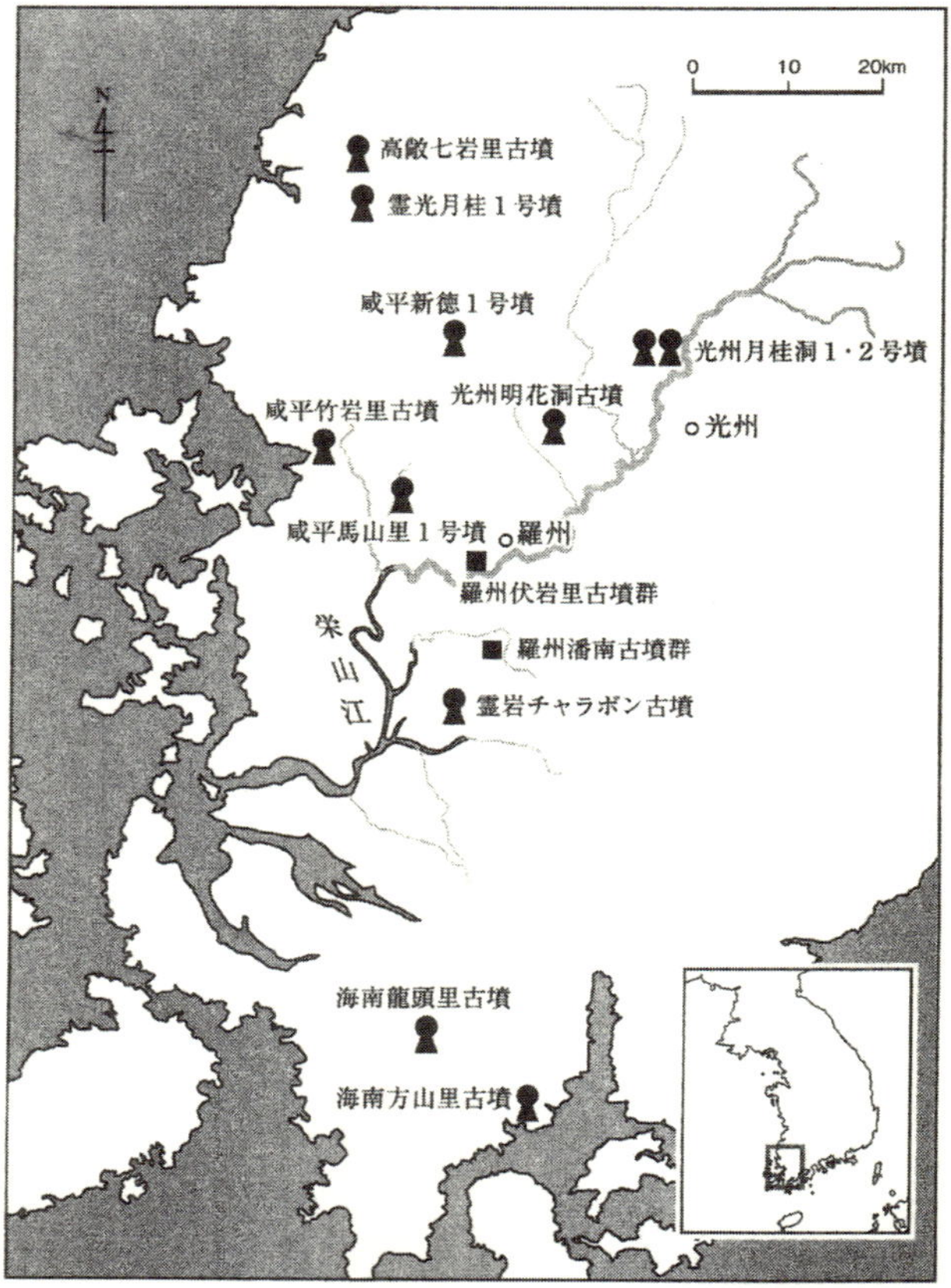

図44　栄山江流域の前方後円墳分布図（『古代韓半島と倭国』中央公論新社・山本孝文）

ち大型甕棺や木棺などを有する多くの在地系の墳墓も併存することから、在地豪族との絡みも併せて問題を複雑化させている状況にある。

墳丘そのものが段築の前方後円墳であり、横穴式石室を持ち、一部には埴輪も見られることから、倭系だということには間違いないが、副葬品には在地系の土器の他、倭系、百済系のものが混在している。

被葬者観について、韓国の学者は在地首長、倭系百済官人、交易流入倭人、などの説を出している者が多く、軍事で派遣された倭人説を採る者は居ない。日本人学者の多くも、これに同調している状況のように見える。

私はこのような見方には大いに違和感を持っている。考古学的なモノの分析による推論は重要ではあるが、それだけでは限界があり、古文献も踏まえて巨視的にこの時代をどう捉えるか、そして墓制の持つ精神世界にも考えをいたすべきではないかと思う。

この時期は、四七五年に高句麗により漢城を落とされ、いったん滅亡した百済が熊津に都を移し、その危機的状況の中から復興に邁進していた時期に当たる。高句麗の南下圧力と新羅の勢力拡大に危機感を抱いた歴代の百済王（文周王—三斤王—東城王—武寧王—聖王）は、旧馬韓域への南進政策を志向したが、兵力に余裕が無く倭へ助力を求めたのであろう。ヤマト王権（安康—雄略—顕宗—仁賢—武烈—継体）もこれに応じる形で出兵した姿が窺える。

武寧王（在位五〇一〜五二三年）は、質として日本に滞在していたが、その前に同じく質であった東《とう》城《せい》王が百済帰国後に暗殺されたので、後を継いで即位した。百済中興の祖として知られる彼は筑紫・唐津の加唐島で生まれたので斯摩《しま》王と名づけられたという。男大迹《おほど》大王（継体天皇・在位五〇七〜五三一年）とは、ほぼ同年代の人物であったが、男大迹は越前から畿内に招聘されたものの、即位してから十九年間も本拠の大和へは入れなかったという少し異常な状況にあった。それに比べれば武寧王は生後ずっとヤマト王権の中枢部に質として滞在していた関係で、当然、倭国指導者層の人間関係や時の権力構造は熟知して居たはずである（帰国時は四十歳前後であったと推測する）。

質とは言っても、身柄を拘束されている訳では無く、ヤマト王権の内部において、外交活動を行っていたはずである。間接的ではあったが、実際に倭国を動かす影響力を持っていたことも十分考えられる。

この時代にはヤマト王権の中央集権の度合いもそれほど絶対的なものではなく、派兵に関して各地の豪族に対する態度は、相手により要請といった形を取ったことも考えられる。東国も含め全国から動員されたが、その多くは九州、それも北・中九州の豪族であった。朝鮮半島に近く、海を通しての通交に慣れていたという地理的条件も彼らが倭兵の主力を構成する要因となった。彼らの地元である九州の墳墓には百済系や馬韓系、加耶系の遺物が沢山見られるし、問題の栄山江流域の前方後円墳の築造方法や内部構造も彼らの色彩が濃厚だ。北部九州型と言われる墳墓内部の特徴は腰石や持ち送り玄室などであるが、その故郷と同じタイプのものが、この地で再現されているのである。外から見えない隠された内部に施された特徴は、まさにその出自を明確に物語っている。このような状況から彼らの本貫の地を探れば、周防灘沿岸、佐賀平野東部、遠賀川流域、室見川流域、菊池川流域、宗像・津屋崎などの諸地域の色彩が濃厚である。現在の行政区分では、福岡県、佐賀県、熊本県、長崎県（対馬）となる。九州の中でも早くからヤマト王権の息がかかっていた地域であり、磐井の勢力圏と重なる点は特に留意したい。

したがって栄山江など、韓国にある前方後円墳の被葬者は彼らだと考えられる。それは、この古墳の分布が流域沿いに点々と造られていることも重要な意味を持っている。出兵の見返りとして、河川交通の経済的権益が保証されていたのではないか。この栄山江流域は自然環境に恵まれた穀倉地帯として知られるし、古くから倭系の遺物が見られることから、倭兵の進出による摩擦もある程度軽減された可能性がある。いつの時代にも当てはまることだが、兵を出すということは、命をかけるという行為であり、そこには何らかの見返りがあるのが当然なのである。そして、なにより、このようなある一定の地域に限り、しかもある時期に限定された築造という現象は、倭兵の進出と駐留という現象を明確に物語っているものと解釈される。

図45　新徳１号墳　（全羅南道　咸平郡）筆者撮影

さらに墓制の選択という精神構造にも立ち入って考える必要がある。一般に葬礼や埋葬といった儀式は、その集団の伝統的なイデオロギーを反映するものであり、変化しにくいといった面がある。百済人（倭系であっても）はもちろん、馬韓人が倭の葬送儀礼を取り入れることは、まず考えられない。馬韓人は、彼らの伝統的墳墓祭祀を続けていたのである。

実際、この時期以後、前方後円墳はまったく見られなくなるということからも、そのことは十分に窺い知られる現象なのだ。さらに、この時になって初めて円形の墳丘に百済式石室を持つ墳墓が出現することからも、馬韓在地系と百済系の廻間《はざま》に位置する前方後円墳の存在する意味が浮かび上がってくる。

対馬海峡を越えてさらに朝鮮半島南部海域の多島海を縫うように西進し、半島南西角を少し北上すれば栄山江の河口に至る。この航海ルート上にある古墳からは倭式の甲冑や武具が出土している。南部の高興《コフン》半島にある五世紀前半の野幕《ヤマク》古墳や同じく五世紀代の木浦《モッポ》沖にある島のベノルリ古墳などが、その代表例である。栄山江に前方後円墳が築かれる前から、倭兵の存在と活動があった例として挙げておきたい。

例え、古代にあっても倭兵の存在や進出など一切認めたくない、また仮に認めたとしても、あくまで百済王権の主導権のもとでという韓国人考古学者の主張は、近、現代史の日韓関係を必要以上に意識した政治的意図が強く作用しているように思われる。学問という古代史の復元の上からは誠に残念としか言いようがない。

任那（加耶諸国）の滅亡

日本書紀でいう任那とは、狭義には金官加耶国、広義には加耶諸国全体を指す。

神功皇后紀や欽明紀にある任那日本府という記述から、過去には倭国（日本）の朝鮮半島南部支配を反映したものと当然の如く見られてきたが、今日では、そのような事実は無かったとして否定されている。正確を期せば、四世紀末から七世紀後半まで、倭国は朝鮮半島諸勢力の抗争に介入し、半島へ度々兵を送ったことがあり、軍事的にはそれなりの影響力を持ったことがあったが、あくまで直接的に支配したものではない。

これら加耶の諸国は五三二年に金官加耶国（金海）が、次いで五六二年に大加耶国（高霊）が滅亡して幕を閉じる。それぞれ最終的には勃興した新羅に併呑されたのであるが、その要因の一端として、倭王権、特に継体朝の百済一辺倒といった姿勢が加耶諸国の離反を招き、結果的に新羅側に追いやったという外交上の大失策にある。

元々、加耶という地域は、海を隔ててはいるものの地理的に倭国と近く、古くから交流があった。そ

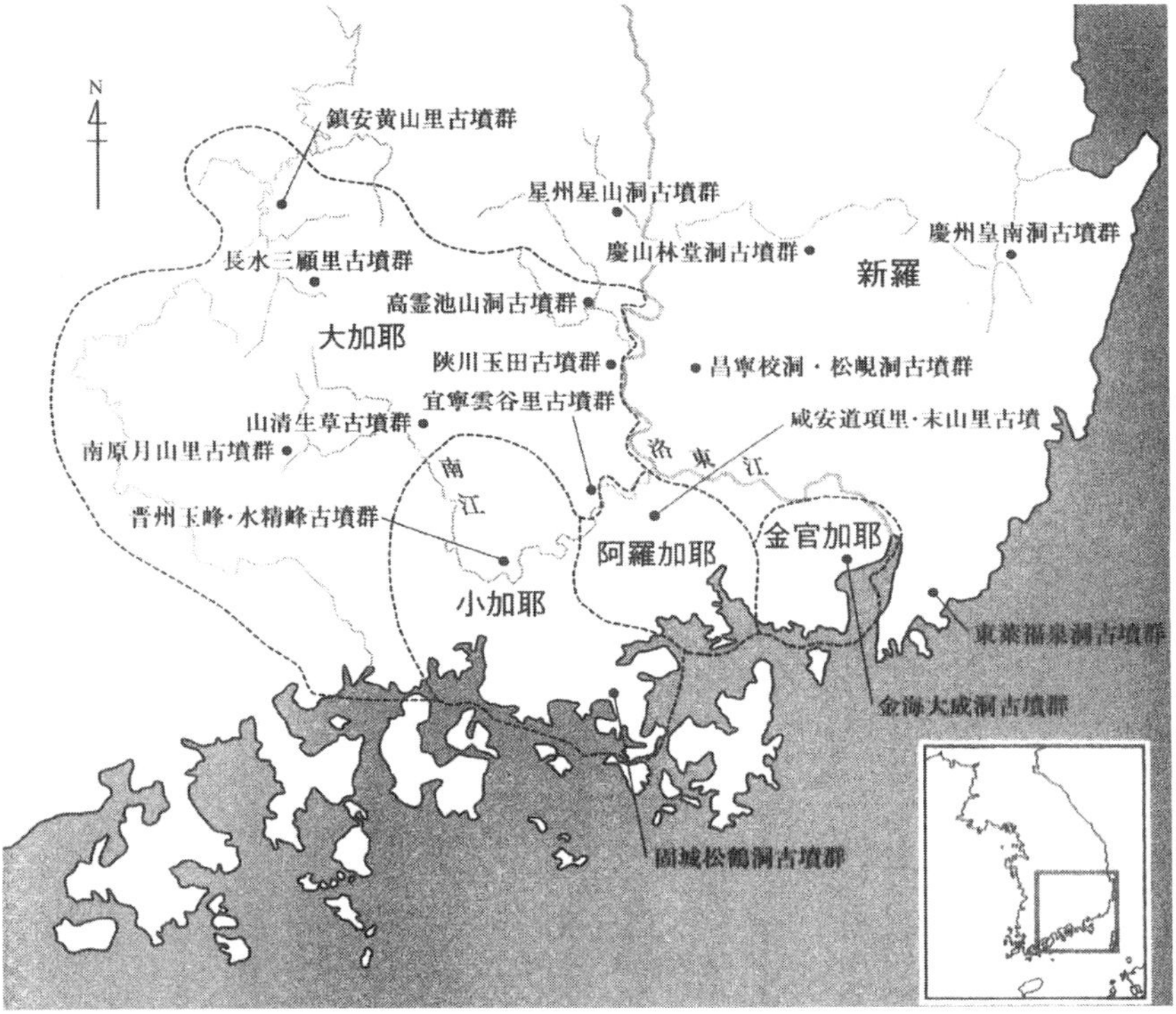

図 46　加耶の古墳と領域（『古代韓半島と倭国』山本孝文）

れどころか、古くはクニという集団が成立する前には、玄界灘を挟んで同じ文化圏にあったという痕跡がある。三世紀の魏志韓伝には「弁辰二十四か国中の瀆盧《トクロ》国は倭と境を接す」とある。この弁韓は四世紀になっても統一には至らず分裂したままであった。地理的には太白山脈と小白山脈にはさまれた洛東江《らくとうこう》（ナクトンガン）及びその支流域となる。

　四世紀に中核となったのは金《きん》海《かい》（キメ）の金官国で、五世紀前半までの王墓、首長墓と見られる大成洞古墳が有名である。ここからは多数の武器類、馬具類に混じり多くの倭系遺物も出土した。その後に中核となったのが高霊《こうれい》（コリョン）の大加耶国であった。五世紀中頃から六世紀にかけて、池山洞には王墓を含む多数の古墳群が形成された。

加耶諸国の滅亡後、倭国は百済や新羅を巻き込んで、加耶復興を画策したものの、成就することはなく、ただ「加耶の調《みつぎ》」だけはその後も執拗に新羅・百済に要求し続けることになる。このことは、倭国が加耶を直接支配していたとまでは言えないものの、何らかの権益を持っていたことの証左にはなるものと考えられる。

筑紫の君・磐井戦争（内戦）

五二七（継体二十一）年、筑紫の君・磐井の乱が勃発した。紀は乱と称して反乱扱いを装ってはいるが、実は一年半にも及ぶ大規模な戦乱であり、古代史上も大きな意味を持っていることから、筆者は乱ではなく戦争と見なしたい。磐井の勢力範囲は、筑紫（福岡県）、火（佐賀・長崎・熊本）、豊（大分県と福岡県の一部）とされる広大な範囲で、五～六世紀の石人、石馬や装飾古墳の世界で知られている。栄山江の前方後円墳のところで触れたが、まさにこの墳墓の被葬者達の出自ともぴったり重なる地域なのである。九州勢力の中でも親ヤマトであり、半島出兵にも全面的に応じた磐井を始めとする豪族達が、なぜヤマト王権との抗争に至ったのであろうか。

そこには五一二（継体六）年の任那《みまな》四県割譲（旧馬韓域）、さらには五一三年に始まる己汶《こもん》、多沙《たさ》（蟾津江《せんしんこう》＝ソンジンガン）の抗争があった。ヤマト王権は百済の南方進出に際して、彼らの意向に最大限に応えようとしたあまり、実際に出兵の任に当たった九州豪族の意向を裏切り、権益を無視した結果になったのではないかと推察される。先述したように、弱体な大和の継体王権の混乱ぶりを見透かした武寧王の戦略が功を奏したのである。この継体の半島戦略の失敗が、磐井の戦争を生じさせ、更には加

図47　栄山江・蟾津江　著者作成

耶諸国の離反と新羅への接近、ついには加耶の滅亡をも招いたのである。

　この戦争について、紀では「外は海路に待ち受けて、高麗、百済、新羅、任那の諸国が年ごとに職《みつぎもの》を貢《たてまつ》る船を誘致し、内は任那に遷した毛野臣軍をさえぎった」とある。この戦いの記述からは、間違いなく制海権を巡る戦いであったことが分かる。磐井は四世紀半ば以降、ヤマト政権が設定した宗像—小呂島—壱岐ルートを遮断し、より西の博多湾以西に船の出入りを変えることに挑戦したのである。壱岐から宗像方面へ向かう諸国の船は、玄界灘、おそらくは小呂島周辺海域において臨検を受け博多湾へと連行されたのであろう。

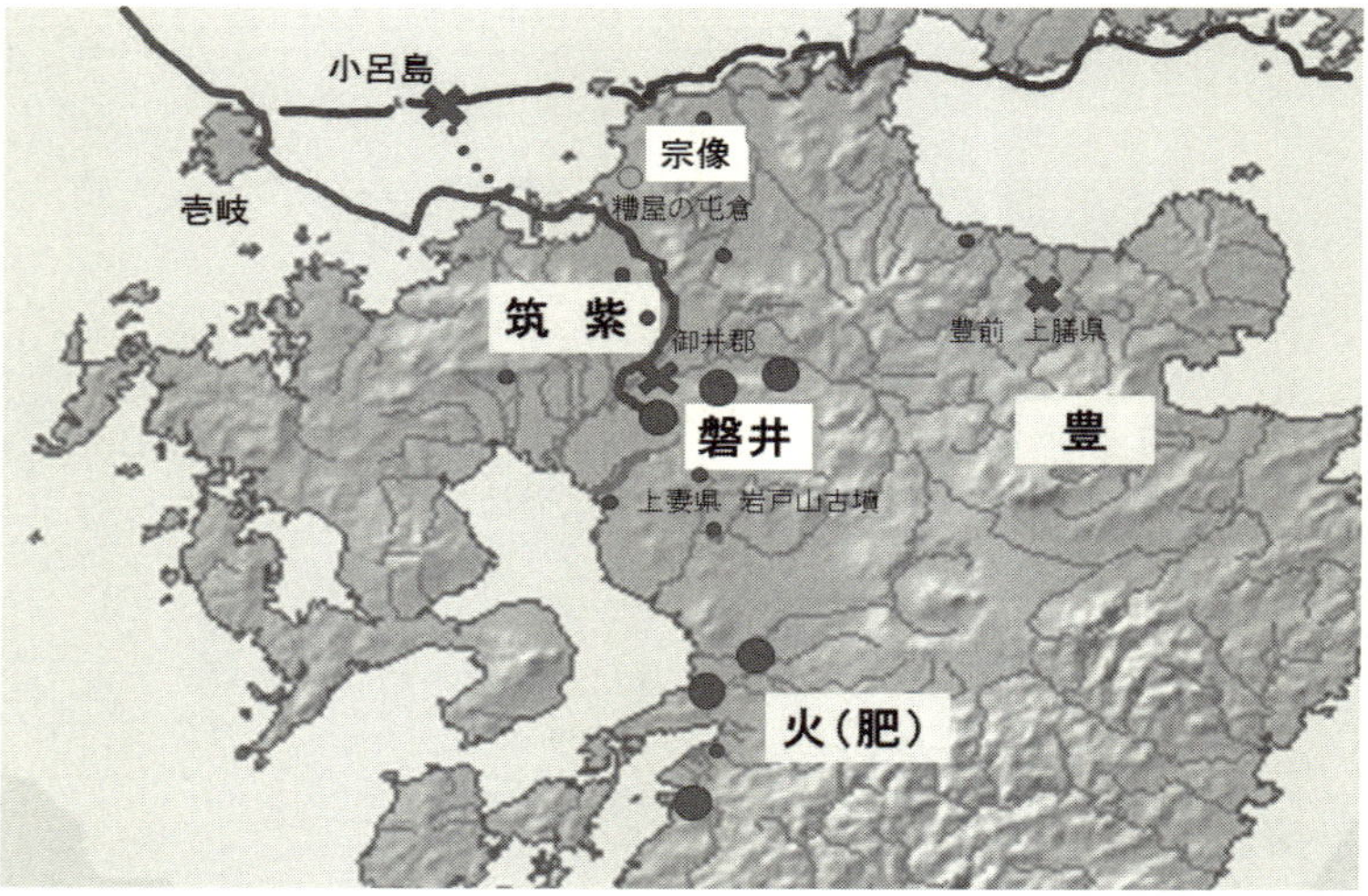

図 48　磐井戦争　●は装飾古墳（Google マップを基に著者が作成）

この磐井の行動に驚いた継体は、征討に赴く物部麁《あら》鹿火《かひ》に対し斧鉞《ふえつ》を授けて「長門以東は朕がとろう。筑紫以西は汝がとれ。もっぱら賞罰を行え。ひんぴんと報告しなくともよい」と言った。この言葉を素直に解釈すれば、この戦いが天下分け目の大戦だと認識していたことになる。それは玄界灘の制海権を失うことが、朝鮮半島など外部との直接的な接触が出来なくなることを意味しており、王権の存続にかかわる危機的状況だと強く認識していたことが分かるのだ。

紀には、磐井が新羅から賄賂《わいろ》を貰って反乱を起こしたと書かれているが、そのような単純な話ではない。この戦いに新羅が参戦や介入した形跡はない。あくまで倭国内の内戦であったとする位置づけが正しい。

もともと、磐井などの九州北部勢力は、伝統的に半島南部の加耶や新羅との付き合いは長く、ヤマトとは別の通交ルートを持っていたのである。親密な関係であった加耶はともかく、四世紀末に倭国が半島情勢に介入して以来、高句麗と共に敵対関係にあったとされる新羅からも倭系遺物が沢山出土していることは先に触れた通りである。

しかし、結局この戦いは磐井の敗北に終わる。何が勝敗を左右したか原因は良く分からないが、長期にわたる戦乱により磐井傘下の豪族の結束力に問題が生じた可能性がある。戦いの後に肥君《ひのきみ》が志摩（糸島）を拠点とする九州北部へ進出したという興味深い事実があるが、これなどは謀反を起こしヤマト王権に協力した論功行賞ではないかと推察される。五五六（欽明十六）年、筑紫火君《ひのきみ》が勇士千人を率いて百済王子恵を本国へ護送したとの記述は、磐井に代わり肥（火）君が北部九州における代表者の役割を果たすことになったことを物語っている。また、五世紀末から宇土半島産のピンク色の凝灰岩（馬門《まかど》石）が畿内や吉備の有力者の石棺に用いられていることは、早くから肥君がヤマト王権ともよしみを通じていたことを窺わせるものだ。

宗像氏に関しては、この戦いにおける関与は記述されておらず不明であるが、玄界灘沿岸部の旧勢力と共に何とか中立の立場を保ったのではないかと思われる。すぐお隣の糟屋《かすや》の地は磐井支配のままであったし、戦いの収束後にはヤマト王権通交ルート復活の拠点として、すぐに活動を始めた様である。このように、九州諸勢力も磐井の下、とても一丸となって戦ったとは思えないのだ。

戦いの後、磐井の子の葛子《くずこ》は糟屋の屯倉《みやけ》を献上して罪を許され、磐井の墓とされる八女の岩戸山古墳は石人、石馬は打ち壊されたものの、墳丘の破壊は免れた。実際に磐井の本拠地では、その後も古墳築造が継続しており、衰えた状況は一切ない。大戦乱の後始末としては至極穏便な処置だと思われるが、ヤマト側としても、ここは磐井の死によって一応の決着をつけて、国内全体の疲弊からの早期回復を図ったものであろう。

この戦乱については、日本書紀の他、古事記、筑後国風土記（逸文）、先代旧事本紀、国造本紀などに関連記事が見え、この出来事が後世の人々にも歴史上大きな事件として認識されていたことが分かる。五四〇（欽明元）年、百済に四県割譲を許した大伴金村は、任那滅亡の責任を追及され失脚した。この事実は継体朝における外交政策の大失敗の証として、大きく注目される。

なお、糟屋の屯倉の所在については、古賀市の鹿部田淵《ししぶたぶち》遺跡が有力な候補と考えられる。遺跡そのものは六～七世紀とされ、掘立柱跡から少なくとも四棟以上の建物があったようで、玄界灘へ注ぐ花鶴《かづる》川河口付近にあった。時代は遡るが、魏志倭人伝には「奴国より東に行きて不弥《ふみ》国に至る」「南して投馬《とうま》国に至る。水行すること二十日なり」という記述から、私はここが不弥国の港であった可能性も考えている。

いずれにしても、この戦いを機にヤマト王権は国造制と屯倉《みやけ》（宮家）制を強化する。糟屋の地をはじめ那の津、筑後、豊、火といった磐井の勢力圏に楔《くさび》を打ち込んだ。そして九州のみならず各地豪族の権限を縮小し、中央集権の度合いを急速に進めて列島の支配体制を強化することになる。

あと鉄関係の状況を忘れてはいけない。先述したように、弥生時代以来、日本列島には鉄鉱石（砂鉄）を発見できず、もっぱら朝鮮半島南東部（新羅・加耶地域）からの鉄素材輸入で鉄の需要を満たして来たのであるが、六世紀になって吉備の千引カナクロ谷など中国山地で鉄鉱山が開発され、本格的に鉄生産（製鉄）が始まったのである。ここにきて、鉄を巡る戦略的な見直しが可能となり、加耶、新羅地域への執着が薄れたことも一因としてあったのではないかと推察されるのである。

次にヤマト王権の力の源泉も考察しておきたい。それを一口で言い表せば、東国にあるものと考えられる。東国という、大和から見て後背地的なフロンティアと云うべき広大な地域からの人、物、資源こそが王権の経済的、武力的な力を継続的に支えたのである。

それらの要素のうち馬に着目したい。五世紀から東国の馬匹生産が始まったことは先述したが、馬を放牧した牧そのものは遺構として分からないことが多い。

馬の産地推定には歯のエナメル質に含まれるストロンチウムや酸素の同位体比により、その馬が食べた植物や飲んだ水を通して幼少期に生息していた地域が推定出来る。奈良文化財研究所の分析で、七世紀の藤原京付近の馬骨（歯）のデータによると、その多くは中部から東北へかけての東日本内陸部産であることが判明した。また十世紀の延喜式には牧の所在が書かれているが、引き続き信濃、上野、武蔵に圧倒的に多いことが分かる。

このようにヤマト・畿内政権は、馬のみならず東国の力を手中にすることによって、富と求心力を増大させたのである。

白村江《はくすきのえ》の戦い（対唐・新羅戦）

六六〇年、唐は水陸十万の兵に新羅軍を併せ、百済の泗沘《しひ》城（扶余）を攻略。義慈王は捕虜となり、百済は滅亡した。その後、百済の遺臣団は復興を期して占領地の回復を図り、勢力を増しつつあったが、

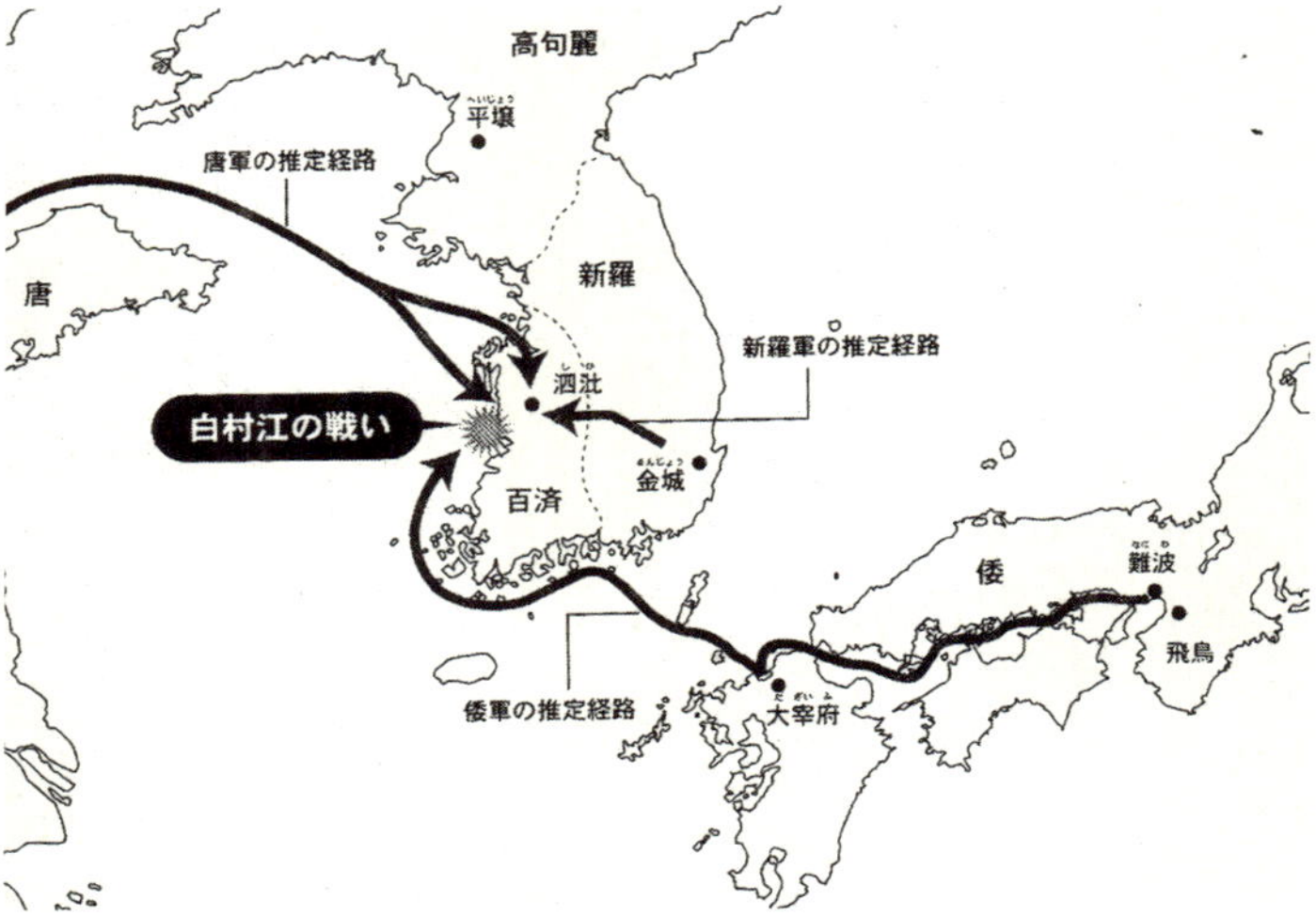

図49　白村江の戦い（航海図）（飛鳥資料館）

倭国へ唐軍の捕虜を贈ると共に、救援を要請して来た。

六六一年、斉明は救援軍を送ることを決意し、自ら兵を率い、故国・百済に送り帰す余豊璋《よほうしょう》等と共に九州へと旅立った。難波津から娜大津（博多）までの瀬戸内海での船旅は二十八日間であった。（途中、熟田津滞在の五十日間は除く。ここでの長期滞在は温泉湯治と徴兵か）女帝の船は大型の構造船で帆も備えていたであろう。万葉集にある額田王《ぬかたのおおきみ》の歌『熟田津《にぎたつ》に船乗りせむと月待てば、潮もかなひぬ今は漕ぎ出でな』は、まさにこの時の歌である。月と潮の干満の関係も既に広く知られていたことが窺える。月とはいっても夜ではない。古代の船は遠距離渡洋で止むを得ない場合を除き、目視が効かない夜間には航行しないのだ。また、帆を備えていても船着き場に出入りの際は、微妙な操船が要求されるので、漕航する。船を出す場合は通常潮の満ち干を利用することになる。

九州に着いた斉明は博多の磐瀬《いわせ》の行宮に入った後、内陸部の朝倉に宮を置いたが、六十歳を超えていた彼女は、間もなくここで客死する。飛鳥の都の地にあっては、次々と王宮を造営し、運河と石の山丘

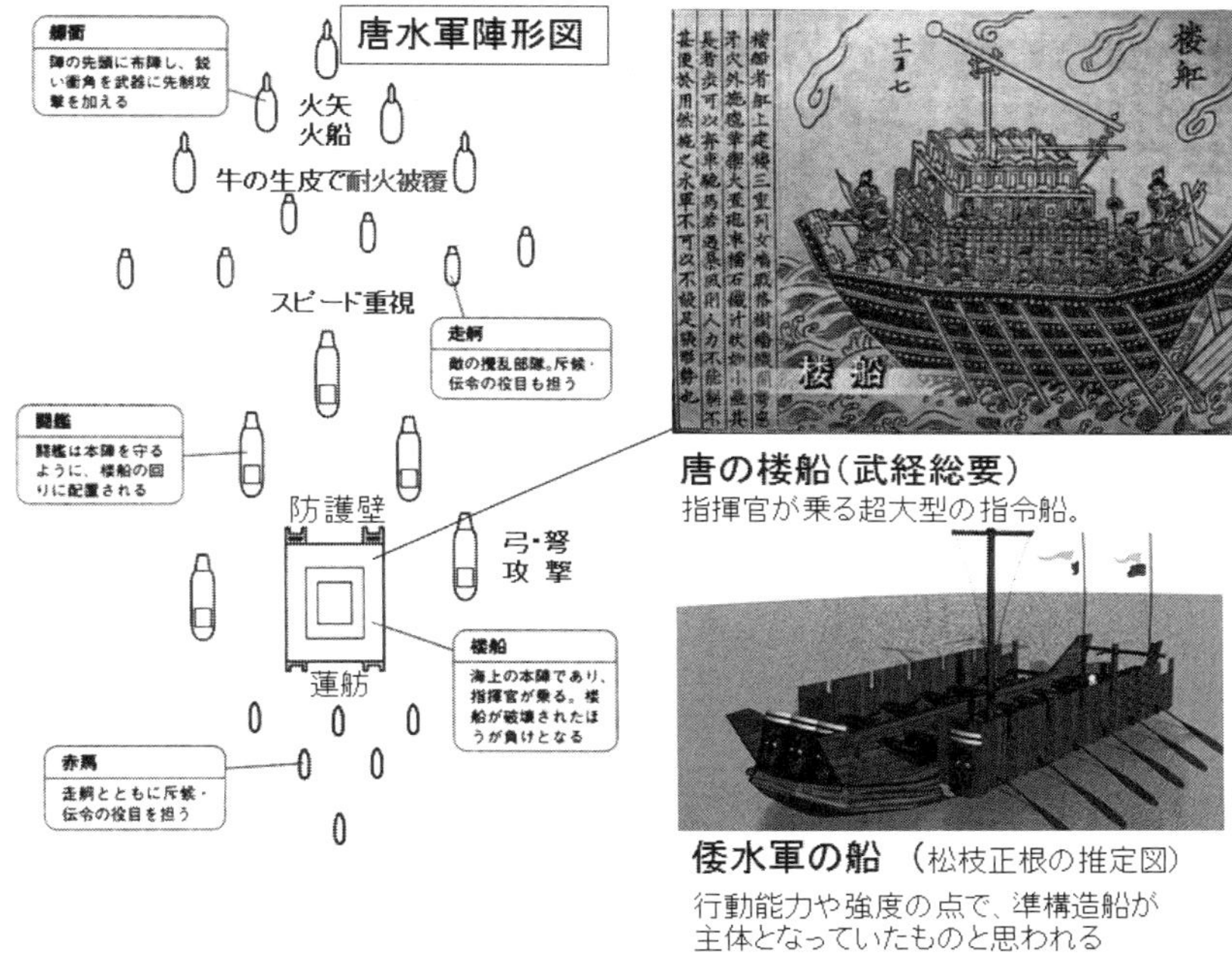

図 50　白村江の戦い（艦隊図）（『図解 古代兵器』新紀元社・水野大樹より）

を築かせて、世人から「狂心《たぶれごころ》の渠《みぞ》」と批判されていた。さらに彼女は阿倍比羅夫に水軍を指揮させて出羽・蝦夷《えみし》地へ三回も派遣した。蝦夷を服属させて、小中華的な自己満足に浸ったのであろうが、肝心の半島情勢の情報入手や戦略はお留守になっていたようだ。このような派手好みで享楽的な女帝の最期であったが、彼女の安請け合いは、間もなく倭国の存亡に関わる重大な危機をもたらすことになる。

六六二（天智元）年、天智は兵甲、船舶、軍糧等の準備を整える。

六六三（天智二）年、倭国は百済復興軍と合流すべく周留城を目指して兵を送る（周留城の所在については諸説あるが、錦江下流域にあったものと推定する）。対馬海峡を渡った倭の水軍

図 51　郡山港夕景　筆者撮影

は、半島南西部沿岸を通り、白村江《ペクチョンガン》（錦江河口の郡山港付近）の河口に達した。その河口域一帯には唐の水軍百七十艘が待ち受けていた。倭の水軍は二度にわたり突撃を繰り返したが、統制のとれた唐水軍の前に敗れ去った。

紀の記述には錯綜が見られ、倭の救援軍の実態を正確に知ることは難しいが、国の総力を挙げての出兵であったことに違いはない。一応総動員数二万人、動員船四百艘とすれば一艘当たり五十人程度となる。この時期には先述したように構造船も造られていたはずだが、実際の戦闘においては小回りが利いて操船しやすい準構造船が多用されたであろう。帆を持つ構造船はその収容力を活かし、主として兵や貨物の輸送用として使用されたと考えられる。

唐の水軍船は数こそ少ないようだが、総指揮官の乗る大型の楼船を中心に、目的に応じた役割を持つ艦隊編成であり、その戦闘能力は倭軍の比では無かった。自らの船には防火被覆を施した船で倭軍を待ち構えて、大量の火矢を浴びせかけて木造の倭の船を燃やし尽くしたのである。旧唐書は、この有様を

「倭の船四百艘を焚き、その火煙は天まで立ち昇り、海水はみな赤く染まった」と描写する。（戦勝記録は誇大になりがちであり、実際には、この半数二百艘程度と考える）

よく「潮の流れを無視した結果の敗北」などと戦術云々が言われるが、倭人は古くから百済との通交を通して、潮の干満差の激しい、この海域の特徴を知っていたはずである。それに味方の百済人が、そのことを無視する訳はない。船そのものの戦闘力に加え、統一司令官不在の豪族連合・倭軍と組織的な唐軍団には戦術的に圧倒的な差があったことを知るべきである。

この後、敗残の倭の将兵は亡命する百済遺民を伴い、半島南部の弖礼城《テレサシ》から海路、倭国目指して落ち延びて行った。

朝鮮式山城の造営と大宰府羅城

この大敗戦に驚愕し、唐の本土進攻を恐れた天智は、対馬から近畿までの各地に、防衛のための百済式の山城を続々と築く。わが故郷の大野城もこの時に造られたものである。さらに六六七年には都を近江・大津に遷す。琵琶湖を利用しての東国への逃亡まで視野に入れていたようだ。この一連の活発な防衛拠点築造事業は、天智自身が大敗戦の責任を問われる状況下で、危機的状況を演出することで眼をそらし、求心力の保持を図った可能性を指摘しておきたい。

大野城は標高四百ｍの四王寺山（大野山、大城山《おおき》とも云う）に、周囲六・五㎞、総延長八・六㎞の土塁（一部には石垣）を巡らせた山城である。城内には七十棟の建物跡が検出されたが、直ぐ麓の大宰府都城と一体となった防御の要と言える最重要な城であった。

　四王寺山は格好のハイキングコースとして、小、中学校時代にはよく登ったものだ。所々に石垣が顔を見せ、尾根付近には鏡池という緑色をした水溜りがあったことを覚えている。中でも記憶に鮮明なのは、北端部の毘沙門天と呼ばれた地にあった岩から北を見ると、眼下には板付飛行場の滑走路や福岡の市内も間近に見え、その向こうには博多湾、さらにその向こうには玄界灘が霞んで見えていた。春には眼下に広がる菜の花畑の黄色と蓮華草畑の紫が実に美しく、極楽浄土もかくやあらんと、少年の心を躍らせた。飛行機から下界を見下ろすことなどは、まったく夢の世界だった頃の話である。

　日本書紀には、六六四（天智三）年、「対馬嶋、壱岐嶋、筑紫国などに防《さきもり》と烽《とぶひ》を置く。また筑紫に大堤を築きて水を貯《たくは》えしむ。名付けて水城という」

　六六五（天智四）年、「達率答　春初を遣わして城を長門に築かしむ。達率憶礼福留、達率四比福夫を筑紫国に遣わして、大野及び椽《きい》城の二城を築かしむ」とある。それまで都城や山城を築く経験に乏しかった倭人は、経験豊かな百済亡命人の技術者の指導により山城を築城したのである。

　水城は全長一・二㎞、幅八十ｍ、高さ十三ｍという版築土塁の大堤で、福岡平野最狭部を塞ぎ、水門調節により、北方・博多側をプール状にして敵を防ぐ機能を持ったものであった。濠の幅六十ｍ、深さ四ｍという壮大な規模であり、その名の通り水の城といった趣がある。

　二〇一五年十月、大宰府の南東七㎞の丘陵上で、七世紀のものと見られる長さ五百ｍ、高さ十三・五ｍに及ぶ大規模な土塁が発見された。（前畑遺跡・筑紫野市）一九九九年には、その北方にある山で阿

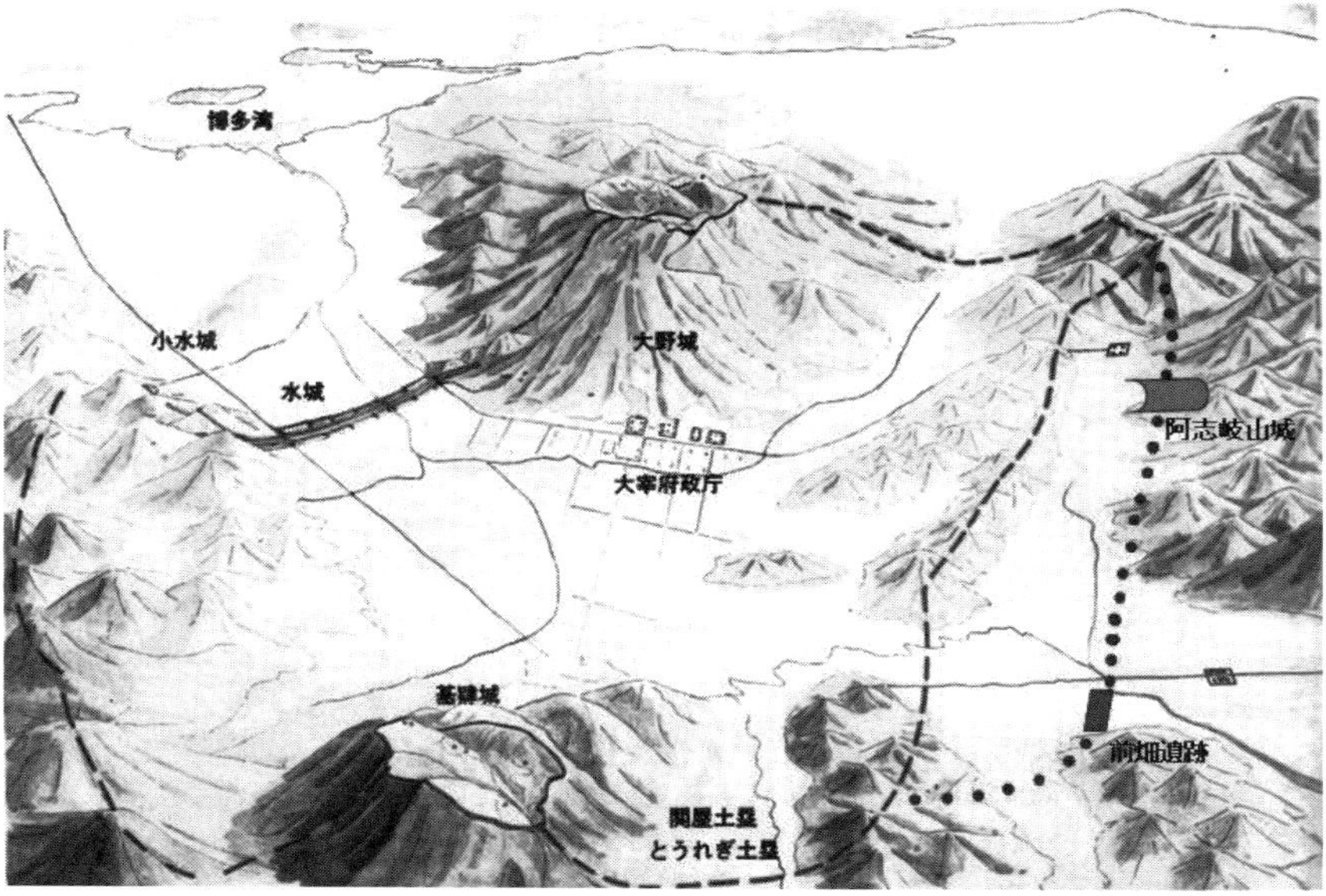

図 52　大宰府羅城想定図（『大宰府復元図録』（1998）九州歴史資料館に一部加筆。丸点線は西谷正説による推定ライン）

志岐山城と名付けられた遺構が見つかっており、大宰府政庁とその周辺地域を大きく取り込んだ羅城《らじょう》の存在がクローズアップされてきた。

実は地元周辺では小水城などと呼ばれた土塁の存在が古くから知られており、羅城の一部ではないかとの見方もあったのだが、最近のこのような発見により、我が国では無かったと言われてきた羅城の可能性が高まって来たのは確かであろう。このように山城を結ぶ土塁が大宰府政庁の周囲を巡っていることを考えれば、南の有明海からの侵攻をも意識して防衛策を練ったとも推察される。

また、神籠石《こうごいし》と呼ばれ、神域や霊域などと謎の存在とされてきた遺跡が、九州から瀬戸内にかけて多く存在する。近年の調査研究の進展により、百済式山城との構造的

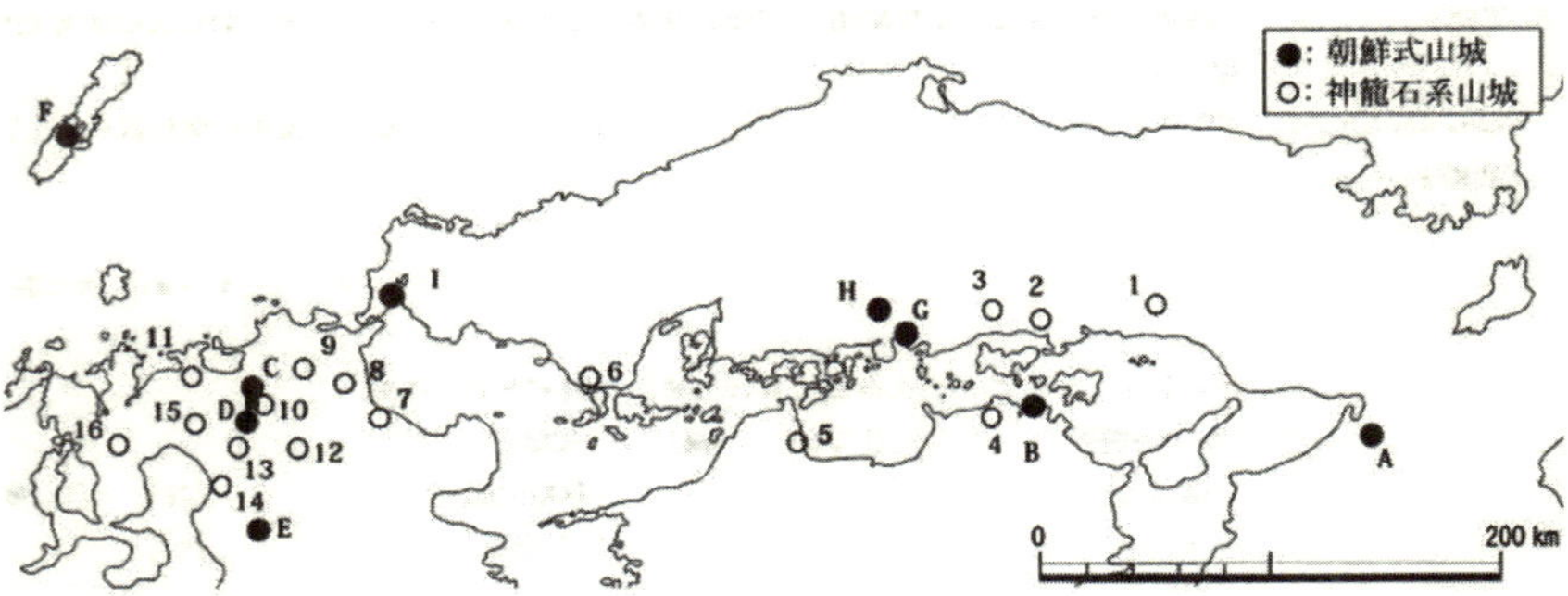

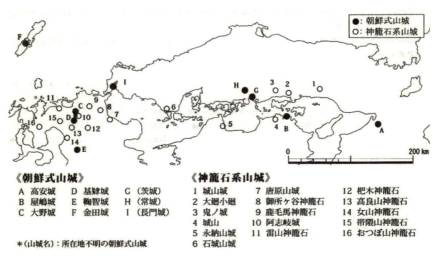

図 53　古代山城分布図（『大野城物語』監修・西谷正（2010）梓書院）

特質の共通性と年代観からみて百済式山城よりやや早い時期から同時期にかけて築造された山城との見解が有力になった。

西谷正・九州大学名誉教授によれば、第一期のものは神籠石系山城で斉明期の百済滅亡直後、第二期は神籠石系の変形時期、そして第三期が白村江敗戦後の百済式（朝鮮式）山城が造られた天智期となる。このような見解に立てば、福岡・久留米の高良山《こうらさん》、福岡・みやま市の女山《ぞやま》、岡山・総社市の鬼の城《きじょう》などは神籠石系山城ということになり、従来云われてきた地元豪族の独自築造説は見直しを迫られることになる。

白村江敗戦後の半島情勢は激変し、倭国を巡る関係も目まぐるしい変化を見せる。

六六四（天智三）年、唐は朝散大夫・郭務悰《かくむそう》を倭国へ派遣した。対馬経由で博多へ入港したことは分かっているが、紀の記述には人員や滞在月数などを含めて混乱が見られ、一行が入京したか、筑紫に留め置かれたかは意見の分かれるところである。おそらくは示威偵察といった性格の派遣であり、入京はしなかったであろう。

六六五（天智四）年、唐の上柱国・劉徳高《りゅうとくこう》が二百五十四人を従えて対馬経由で博多へ来航した。今度は国書を携えており、瀬戸内海を経て難波へ到着。そこから淀川を遡り宇治にて閲兵を行った。使者と従者の一部は乗って来た唐船を利用したのであろう。入京してから、賜物、賜宴があった。帰国の途に就くまで約四か月の滞在であった。この間、両国の和平交渉が行われたものと推察される。

六六八（天智七）年、高句麗滅亡。新羅は倭国へ使節を送ってきた。

六六九（天智八）年、倭は遣唐使を派遣（おそらく謝罪使であろう）これで正式に国交が回復する。

この間、倭国が唐・新羅連合軍の侵攻という、最悪の事態を想定した割には早期に和平が実現し、杞憂に過ぎなかったように思われるが、実はその裏には新羅と唐の相克があった。新羅は唐の占領状態を認めない態度を取り、六七〇年に新羅が旧百済領域を攻撃して唐と一戦を交えたことが大きく影響している。その後も新羅は硬軟織り交ぜて唐と対峙して、ついに六七六年には唐に朝鮮半島全域の支配を認めさせたのである。したがって、唐も新羅もかつての敵国であった倭に対して秋波を送るような状況が生じたのであった。その後、天武・持統朝には、新羅使は、ほとんど毎年来朝し倭国も使者を頻繁に送った。倭にとっては、まことに運が良かったとしか言いようがない。

図 54　宮地嶽古墳の横穴式石室　（邪馬台国大研究より）

壬申の乱と日本国・天皇の誕生

天智亡き後の六七二年、天智の太子であった大友皇子と同母弟であった大海皇子《おおあまのみこ》が王位継承を巡って戦った内乱である。勝利した大海皇子は天武天皇として即位して都を近江から飛鳥へ移した。

この内乱時に大海方にあり、全面的に軍事的指揮を委ねられたのが天武の長男の高市皇子《たけちのみこ》である。母は胸形（宗像氏）徳善の娘尼子郎女《あまこのいらつめ》であり、四世紀に始まった宗像氏と大和王権との結びつきが七世紀後半にも継続していたことが分かる。

福津市にある宮地嶽神社古墳は六世紀末築造とみられる径約三十四mの円墳であるが、横穴式石室の長さは約二十二mの長さを誇る。宗像一族の首長墓ではないかと推察されている。この乱が勃発した時に大友皇子は、筑紫大宰《おおみこともち》の栗隈王に近江方への軍兵の動員を要請したが、断られたという経緯がある。高市皇子は事前に宗像氏への根回しを行い、栗隈王を味方へ引き入れていた可能性が強いと思われる。

高市の長男は長屋王であり、奈良朝で権勢を誇ったが、藤原一族の陰謀により滅亡した。

古代史上最大の乱だといわれる壬申の乱に勝利した天武は、宮を飛鳥に戻し矢継ぎ早に政治機構の改革に乗り出す。それまで倭国と呼ばれた国号を「日本《ひのもと》」と定めた。日は日神で天照大神のことで、その子孫である「日の御子《みこ》」の統治する国という意味である。また同時に、それまで大王《おおきみ》と呼ばれていた君子の称号を天皇《すめらみこと》と定めたことが、飛鳥池遺跡出土の木簡にある「天皇」という文字から知られる。

中国思想史の泰斗であった福永光司氏の説によれば、道教の神学で最高神の「天皇大帝」から「天皇」を選び、それとセットで高級官僚を表した「真人《まひと》」を天皇家一族のみに賜る姓《かばね》として採用した。

そして、後の古事記や日本書紀といった国史の編纂を始めたのもこの時期であった。このように中国を範とした律令国家形成へ向けての動きは七〇一年の大宝律令の完成により結実することになる。

図55　飛鳥池木簡（奈良国立文化財研究所）

第Ⅲ部　「玄界灘」と文化の伝播

水田稲作文化の到来　弥生時代の始まり

長く続いた縄文文化の後に、日本列島に大きな影響を与えることになった水田稲作技術が到来する。弥生という名称は元々東京・本郷弥生町の東大構内で発見された弥生式土器に由来するが、現在では弥生文化＝水田稲作文化という位置づけになっている。水田稲作文化は灌漑《かんがい》施設を備え環濠集落や支石墓、それに新しい土器様式を持つ。朝鮮半島から九州北部へと稲作技術を携えた渡来民は、受容主体であった在来系弥生人（縄文人）と交配する形で次第に入り込み、文化の変容を生んだ。

埼玉大学の中村大介准教授は「朝鮮半島では増加した人口に対処するため移住が頻繁に行われ、古くから交流していた平野の広がる九州北部に移住したのではないか。九州北部の状況から見ると、その遺物の多様性から朝鮮半島各地からの移住が推定される」とする。恐らく、その組成が異なる集団も長い時間をかけて各地域へ渡来してきたのであろうが、この時期に積み重ねられた多数の渡来が、その後の列島文化に及ぼした影響は計り知れないものがある。

問題はその開始時期であるが、二〇〇三年に国立歴史民俗博物館が発表したＢＣ十世紀説は従来の説より五百年も遡るという衝撃的なものであった。ＡＭＳという最新式の分析器を利用した炭素十四年代測定法という自然科学的方法による考察であった。その後一定の評価を得てはいるものの更正年代の解釈には今なお異論が多く、現在の状況ではＢＣ七～八世紀あたりを考える専門家が多いようだ。

それでは従来の考古学的手法による検証はどうか、という問題が残る。古代の日本列島には文字は無く、ある程度絶対年代（暦年代）が分かっている中国の金属器（青銅鏡、銭貨、銅剣など）から推測するしか手立てはない。実際には先ず一番古い弥生土器と同じ時期の朝鮮半島の土器を探す。次にその土器と同じ時期の金属器を朝鮮で特定し、その金属器と同時期の中国東北部の金属器を見つける。そこから、中国中心部の文物に手がかりを繋げて結び付ける。ここで初めて年代を記した文字に辿り着ける、という実にややこしいプロセスを経なければならない。その際に最大の手がかりとされてきたのは遼寧《りょうねい》式銅剣である。詳細は省くが、この銅剣の型式変化を通して遺物の時代を測る物差しが正しいかどうか、が最大のポイントとなる。実は遼寧式銅剣がＢＣ一千年紀へ遡上するという調査報告が一九六八年に北朝鮮で出されたことがあり、東京大学の大貫静夫名誉教授は、これを元に一九八二年に「極東先史土器の一考察」という論文を出し、日本を含む東アジアの考古編年の見直しを提唱した、という経緯がある。しかし学会ではその機運が盛り上がらないまま時が過ぎ、歴博の発表に至ったのであった。

その後、大貫氏を中心とした東大考古学研究室では、この検証に取り組み、現在では弥生の開始はＢＣ八世紀後半との見直しがなされている。朝鮮半島からの遼寧式銅剣の出土状況に加え、砂丘形成に反映された気候変動の影響からの考察である。

さて、稲作文化をもたらした彼ら渡来人の渡来ルートは？となる訳であるが、当然海を越えての到来ということになる。これまでいくつもの説が出されて来た。そのうち南島ルートは稲作伝播の証拠が全くなく、今も支持者の多い東シナ海直接ルートについては、筆者は航海自体不可能だと考える。ずっと後世（三世紀）の魏志倭人伝でも倭国の位置は正しく認識されていなかった訳で、海図もなく羅針盤も持たない人々がどうやって日本列島へ辿り着くことが出来るであろうか。第一何のために命を懸けて長距離の集団渡海を決意するのか、まったくその目的すら想像もつかない。このような夢想としか思えない発想には頭の中に現代の世界地図があり、世界の人々は日本列島の存在を正確に認識しているはず、との自己中心的発想の産物としか言いようがない。

残るのは、やはり朝鮮半島から北部九州へのルートのみである。前述したように玄界灘海域の往来は古くから見られたのであるから、十分に可能なコースである。しかし、歴博の資料によれば、そのルートは対馬・壱岐ルートからはずっと西に逸れたコースを通り、半島南西部から九州西北部に先ず直接渡来した形となっている。そして、玄界灘沿岸の平野部を西から東へと移動し、唐津平野や福岡平野に辿り着いたとされる。支石墓や土器など考古学的遺物からの見解であるから、新旧関係はこれを認めざるを得ないが、図にある航海のコースは納得できかねるところがある。

図 56　稲作の伝播　（「やよいはいつから？」国立歴史民俗博物館図録に一部加筆）

まず、この直行ルートをシミュレートすると、約二百五十五㎞を中継なしで対馬海流を乗り切らなければならない。（丸木舟を一日十時間漕航するとして五～六日間かかる）大変な危険を覚悟しなければならないのだ。新天地を求めての移動としては、余りにリスキーだ。それでも西海岸から乗り出すということであれば、済州島経由の方がより安全であろう。途中、対馬海流の影響で東へ流されても、九州沿岸に辿り着くことは十分可能である。

それより最も安全なコースは言うまでも無く対馬・壱岐ルートなのである。（漁撈民からのサポートも得られる）唐津沿岸から上陸するのが一番良い。上陸後に水田耕作可能な土地を探し求めて先ず西方へ移動したのではないかと推測するのだが、皆さんはどう思われるであろうか。唐津の菜畑遺跡や福岡・粕屋の江辻遺跡、福岡市の板付遺跡などに初期の稲作跡や集落跡が見られる。いずれにしても、この渡来は大集団の一挙渡来というものではなく、小集団が何派にも渡って来たのであり、徐々に平野部に根を下ろし、次第に在地の集団へ稲作を伝授しながら混血し耕作地を広げていったものであろう。

九州北部に根を下ろした水田稲作文化はその後急速に列島各地へと伝播する。遠賀川式土器（板付式土器）の東漸《とうぜん》はそのことを示している。この場合、特に遠距離のケースでは、陸路に比べて移動が容易な海上、河川の水路を辿ったことが推察される。

実は、この稲作を特徴とする弥生文化研究については、個人的にも強い思い入れがある。

私の祖父・髙川鐵馬は明治から大正にかけて福岡県庁に奉職していたが、業務として県下の遺跡や遺物の調査・保存に携わっていたのである。その記録の中で、江辻遺跡と板付田端遺跡について若干触れておきたい。

江辻遺跡は糟屋郡粕屋町（明治四十四年調査時点では糟屋郡大川村大字江辻榎町）にある渡来系環濠集落遺跡である。後に朝鮮半島にルーツを持つ松菊里型《しょうぎくり》という竪穴住居跡が検出されて、初期稲作技術の伝来を証明するものとして大変有名になった。鐵馬は、ここから出土した多数の土器や石器に関し「福岡県下に於ける貝塚について」という報告書の中で詳しく紹介している。これらの出土品は一括して帝室博物館（現・国立東京博物館）に収められたそうだ。

次に、板付田端遺跡がある。これも初期稲作遺構で有名な板付遺跡に隣接する所にあるが、大正五年に水田圃場《ほじょう》整備中に遺物が発見され、急遽調査に及んだところ、大甕片（朱）銅鉾《どうほこ》三、銅剣六等を発掘した。この遺構について中山平次郎（九州考古学の父。九州大学の病理学の教授であったが、本務のかたわら考古学研究にいそしむ）を現場に案内したことが、我が国考古学研究の上で、大変重要な意味を持つことに繋がる。中山は、この遺跡に見られる土器と青銅器の共伴という事実から、石器時代と古墳時代の中間に金石併用時代という概念を提唱したのである。これこそ、現在私たちが弥生時代として広く認知する時代区分の名称となったのである。

金属文化（銅と鉄）の到来　弥生前期末〜中期

朝鮮半島から稲作文化が伝えられてからも、なお約四百年間、農具や工具は石器を使用していた。つまり、それまで言われて来た弥生の稲作文化と金属器の到来時期は同じではなく、青銅器や鉄器の伝播にはタイムラグがあった。ＢＣ四世紀代に入ると青銅器の副葬が始まる。福岡市の吉武高木遺跡からは銅剣・銅矛・銅戈などの武器形青銅器や多鈕《たちゅう》鏡が出た。ほとんど同時期に九州北部では鉄器の使用も始まる。最初は燕系の鋳造鉄器を火を使わずに再加工するだけの初歩的なものであったが、この鉄器と青銅器の出現、普及をもって、弥生時代の中期（ＢＣ四世紀後半）とする考えが多くなってきた。

ＢＣ三世紀初頭の釜山市の東萊福泉洞萊城《トンネポクチョンドンネソン》遺跡からは鉄器製作時に出る鉄滓《てっさい》と弥生土器（城ノ越土器、須玖《すぐ》一式土器）が出土した。驚くべきことに、この鍛冶集落遺構から出る土器の九十五％以上は何とこれら九州北部の土器なのである。すでにこの時期、鉄を求めて北部九州の弥生人が海を渡っていた証拠である。この時期の北部九州では、半島系錬鉄を素材として鍛造（加熱）による鉄器生産が開始される。矛や剣などの武器類もあったが、斧、鉇《やりがんな》、鑿《のみ》等の農工具類が多い。

さらに、ＢＣ二世紀には弥生土器がセットで見つかる遺跡が朝鮮半島南部にある。蔚山《ウルサン》市・達川《タルチョン》遺跡の鉄鉱石採掘場では、甕、壺、高坏など弥生式土器（須玖二式）がセットで出土した。土器は糸島地域の特徴を持つことから、伊都国との関係が注目される。達川地域では製錬から精錬、鉄器作りまで一連の作業が行われていたことが予想される。弥生人が求めたのは鉄器を作るための鉄素材、または鉄器そのものであったろう。

須玖式土器は奴国の中心部とされる福岡県春日市の須玖丘陵で作られたものであり、鉄交易の担い手は奴国が主であった。ＢＣ二世紀から竪穴炉を持つ工房で多種多様な鉄器を鍛造し始めて以降、常に鉄器文化のリード役を果たした。三世紀の博多遺跡は我が国最初の精錬（鍛冶）遺跡として有名である。

つまり奴国（春日市・福岡市）は鉄交易と鍛冶技術の一大センターとなっていたのである。

朝鮮半島南部の最古の製鉄遺跡は三世紀前半の旗安里遺跡（京畿道華城市）と三世紀末の石帳里遺跡（忠清北道）が挙げられる。南東部地域（後の弁辰地域）からは製鉄（製錬）遺跡が未発見のため達川鉄山から出た鉱石は何処か遠くの製錬工房へ運ばれたとする見方がある。

しかし、そのような見解は、鉄の歩留まりを無視したものだ。歩留まりとは、鉄の原料から還元鉄を得る割合のことである。実は、この歩留まりの研究は相当困難なようで、研究例は少ないのが実情である。その中で韓国・慶尚大學校・招聘教授の新井宏氏の論考「製鉄遺跡滓による鉄還元歩留まり推定」のデータに基づき、鉄鉱石の場合には三十％、砂鉄の場合（タタラ製鉄）は、二十％程度を目安と考える。ただし、この数字はデータが専門的で一般には難解なため、筆者の独断による推定値であることをお断りしておきたい。さらに新井氏は、製錬のために必要な木材（木炭）の運搬コストは鉄鉱石よりも多くかかることもあり、鉄の製錬地は木材と鉄鉱石の供給地の近くにあるのが世界の常識だとの重要な指摘もある。

このように、三世紀の魏志韓伝・弁辰条に「韓、濊《わい》、倭、皆従いて鉄を取る」と書かれるずっと以前から倭人は朝鮮半島における鉄素材や鉄製品の取得に直接かかわっていた姿が窺えるのである。

中期末（ＢＣ一世紀）になると鍛冶工房が日本海沿岸、次いで瀬戸内各地へと拡がる。

しかしこの時期には、質量とも北九州とは格段の差があった。また、この時期になると前漢鏡の副葬が始まる。ＢＣ一〇八年、漢によって楽浪郡が設置され、九州北部諸勢力との接触が始まった反映である。

銅や鉄の素材や製品の流入には、ほとんど半島住民の列島進出（移住や移動）によるものだとの認識が一般的であったが、これまで示したように逆に金属を求めての列島住民の半島移住、移動も活発に行われたのである。先に挙げた例以外にも、半島南部の各地遺跡からは弥生土器が多数見つかっているのがその証拠である。

朝鮮半島と日本列島を結ぶ海の道は、九州北部—壱岐—対馬—朝鮮半島南部ルートであった。弥生時代になっても船自体は縄文以来の丸木舟と基本的には変わりない。ただ材質面で縄文時代のカヤ、クリは少なくなり、クス、スギ、ヒノキが多くなる。経験によって、より腐りにくく、より強い樹種を選んだ結果であろう。そして船体遺物のデータから縄文舟より大きな木材を利用したことが分かる。鉄器という利器の出現が大きかったのだ。一説に鉄器は石器の七倍もの威力があると云われるが、筆者の手斧《ちょうな》使用の実体験からも、木の繊維を断つ効果は全く違っていた。その手応えは石が「ドカッ」、鉄は「バサッ」と表現できる。

同時期の青銅器文化については、近年の発掘成果により、これまでの定説を覆すような貴重な発見が相次いでいる。そのうち最も注目されるのが、福岡県春日市の須玖タカウタ遺跡である。有柄式《ゆうへいしき》銅剣の石製鋳型片、銅戈《どうか》の土製鋳型片、多鈕粗文鏡《たちゅうそもんきょう》の石製鋳型片、銅剣把頭飾《はとうしょく》土製鋳型片などが、ここ四年の内に出土したのである。ＢＣ二世紀に既に多様な青銅器の国産が始まっていたというこれらの発見は、国産化が弥生後期（一世紀）の小型倣製鏡からという従来の定説を大きく変えることになった。須玖遺跡は奴国の要の地として、これまでも「弥生のテクノセンター」と呼ばれていたが、近年の相次ぐ大発見は、まさに列島の金属文化をリードしていた姿がハッキリと浮かび上がって来た感がある。

新羅との通交と鉄入手

五世紀における倭と朝鮮三国との関係について、日本書紀はほとんど百済との関係に費やし、新羅との通交にはあまり触れない。また三国史記・新羅本紀では何と十七回にも及ぶ倭国の侵攻記事が記載されている。そこからは倭国と新羅は敵対関係を続けていたと解するしかないという状況である。

ところが、考古学から知られる遺物の状況を見ると両者には密接な関係があったことが分かる。五世紀代の皇南大塚や金冠塚、それに、六世紀初めの天馬塚などの新羅の王陵から発見される豪華な金冠を飾る大量の見事な翡翠《ひすい》の勾玉は、新潟の糸魚川産であることが科学的調査で判明している。筆者は、これを鉄素材との交換品であり、倭国の担い手は九州勢力であったとの仮説を立てていたが、二〇一六年十二月に行われた「古代歴史文化協議会」の講演会に於いて慶北大学校の朴天秀教授は、新羅のヒスイは鉄との交換によるものだと明確に指摘された。考古学的知見が古文献の誤りを正すという良い例である。倭国側の担い手については触れられなかったが、私は百済寄りの政策をとったヤマト王権とは別に九州勢力が関わっていたと推測する。

六世紀前半の北部九州の古墳には新羅と密接な関係を窺わせる遺物が多数出土している。飯塚市の櫨《はぜ》山《やま》古墳からは金銅製三葉文透彫帯金具。福岡県香春町の長畑一号墳からは新羅系垂飾付耳飾り。福岡県篠栗町の長者の隈古墳から金銅製鞍というように、新羅との関係を示すものが多数出ているのである。

このように、五世紀に始まる新羅とのヒスイ・鉄の交換交易には奴国域が主体となっていたと思われるが、先述したように四世紀後半からヤマト政権の力が増して来る状況下で、九州の勢力地図に変化が現れる。福岡県八女市の岩戸山古墳は磐井の墓として知られるが、まさに五世紀後半から六世紀初めには、この地域が九州における中心地域となり磐井が盟主の座にあった姿が窺える。

この勢力図から見て、朝鮮半島との通交には、有明海と半島を結ぶ西廻り航路を予想する論が多いが、島原半島や長崎半島、北松浦半島を大迂回するルートは距離的に見てあまりに遠すぎる。北方の玄界灘域が圧倒的に近いので、小舟で筑後川—宝満川—御笠川経由で博多湾に出て、そこから大型の外洋船に乗り換えるという方法が、安全で確実、しかも最も経済的なやりかたであったろう。いくら親ヤマト派の磐井であっても、旧勢力と抗争状態にあった訳では無く、奴国や伊都国の勢力とは共存しており、新羅との通交も共に行っていた姿が垣間見えるのである。

このように倭国は鉄資源を朝鮮半島に求めていたのであるが、列島各地の古墳から出土する鉄製品（武器、甲冑、農耕具、馬具など）は実に多量である。ところが、発掘調査を行った古墳の絶対数は少なく、しかも中小古墳が多い。畿内を中心とした大古墳のほとんどは調査が行われていないのであるから、全体の埋蔵量がどれほどの量になるか、想像もつかないほどである。鉄素材が不足すれば、溶融再利用するはずであり、このような状況から判断すると倭国には鉄が潤沢にあり、鉄素材の入手にはそれほど苦労しなかった姿が窺えるのである。

その裏には半島の鉄素材の入手・交易について、古くから直接九州北部の倭人が関与していたことは間違いない様だ。

図 57　竹原装飾古墳 福岡県宮若市　（歴史雑談 30　日下八光模写）

馬匹《ばひつ》文化の受容と馬の海上輸送

三世紀の魏志倭人伝には「倭の地には牛馬無し」と書かれている。各地の馬歯や木製鐙などの出土から四世紀には馬が渡来した痕跡が窺えるが、古墳に副葬されたハミなどの馬具類から確実に馬の文化が流入した時期は四世紀の末である（福岡の池ノ上古墳、老司《ろうじ》古墳、兵庫・加古川市の行者塚《ぎょうじゃづか》古墳）。

この馬匹文化は急速に列島各地へ拡がりを見せ、特に長野、山梨、群馬といった高地には多くの牧が造られ馬の生産と飼育が盛んに行われていた。馬の渡来はやはり倭兵の半島関与と密接な関係にある。

朝鮮半島も日本列島と同様に山がちの土地が多く、モンゴル草原などとは条件は違うが、北方勢力との確執が多かった高句麗では馬の利用が進んでいたであろう。日本列島に於いては、豪華な装飾を施した示威行動用の馬具が多い。

双胴船のメリット・デメリット

（メリット）
・広いスペースが確保できる
・耐航性（安全性）が高くなる
・帆の利用が可能

（デメリット）
・漕ぎにくい
・スピードが出ない
・繋ぎ部分に負担がかかり折れやすくなる

↑図 58　蒙古馬

図 59　ダブルカヌー（タヒチ復元）　国営沖縄記念公園（海洋博公園）：海洋文化館

軍事用としては、騎馬よりもむしろ荷物の運搬に大きな威力を発揮したに違いない。

ところで、馬を海上輸送するために一体どのように対処したであろうか。この問題の答えは全く分かっていないのが現状である。この時代の倭の船は準構造船であることは前に述べたが、おそらく朝鮮半島も同じような船を使用していたと推察される。

馬（小型の蒙古馬）は賢い動物ではあるが、神経質なところがあり、ストレスに弱い。

波に揺れる船に載せられることは馬にとって大変な苦痛を伴ったであろう。準構造船のような丸木舟ベースの船は、幅が狭く馬を載せる隙間はない。無理して立ったまま載せても今度は漕ぎ手のスペースが無くなってしまう。中国のような構造船であれば、大型で幅広の船体に馬を載せることは十分可能となるが、この時期には未だ登場していない。

考えつくのは双胴船タイプ（ダブルカヌー）だ。二艘の準構造船を渡し木でしっかり繋ぎ、両船体の中間に馬房（小屋囲い）を設けて馬を収容すれば複数頭でも大丈夫ではないだろうか。海の上でも世話係が常に眼をかけていれば馬も安心するし、中継地ごとに陸揚げして休息させればよい。

ただし、このタイプではそれぞれの船体がのっかる波は別々となるので、渡し木にかかる負荷は大きく強度の上で問題がある。また漕いで行く上でも操縦性が悪く、スピードは大きく制限されることになる。しかしながら、安定性のあるこの形にすると今度は帆も利用可能という大きな利点がある。この時代の帆は横帆といって追い風の時のみしか使用できないが、それでも風待ちで時を待ち、時間をかけて順風にのって航海すれば大いに威力を発揮したに違いない。

しかし、残念ながらこのような双胴船タイプの船体の出土例はない。今のところ、福岡県の竹原古墳壁画が、そのようなタイプだとする見方があるが、確証されている訳では無い。あと考えられるのは馬を載せるために筏《いかだ》を組み、それを船で牽引する方法である。筏には囲い柵を設けて、世話する人間も一緒に入るのだ。これだと安定した形にはなるが、極端にスピードが落ちることになる。昼間のみの漕航という条件下で、目的地に辿り着くには結構厳しいであろう。

騎馬民族征服王朝説

騎馬文化の流入については、敗戦後間もない一九四八（昭和二十三）年に江上波夫氏（東大教授）によって提唱され、一世を風靡した「騎馬民族征服王朝説」がある。江上は古墳時代前期の副葬品が呪術的、農耕民的であったのに対し、後期になると武装具、馬具などの遊牧騎馬文化的なものに急激に変化しており、その状況は遊牧騎馬の有力集団が朝鮮半島南部より渡来して倭国（ヤマト王権）を征服したという説を出した。

しかし、この説はその後多くの学者から批判を浴びて、今日では過去の学問として放置されているのが現状である。まず、この学説のネーミング「騎馬民族征服王朝」とは某出版社が読者受けを狙って付けたもので、未曾有の敗戦によって打ちひしがれた一般国民には新鮮な響きを持って受け止められて一大ブームとなった。しかし、その反面モンゴル帝国の元寇（大挙襲来）を想起させるような誤解を生んだことは、その後の論議に大きなマイナスの作用を生んだ。江上自身は、その渡来王朝となった勢力は中国東北部（満州）の扶余《ふよ》系辰《しん》王朝としているが、朝鮮半島南部及び九州北部において力を蓄えつつ、漸進的な東方侵攻を遂行したと最初から急激かつ短期的な侵略を否定していた。残念なことには、それにも拘わらずという評価になってしまったのである。

しかしながら、その後の考古学の進展は彼の主張を裏付ける遺跡や遺物が沢山発見されて来た。国内での代表的な例は先述したところであるが、これらの発掘調査は全て彼の発表後のことである。さらに韓国においても近年、金海・大成洞古墳群、釜山・福泉洞古墳群などから、まさに騎馬集団の存在を強く認識させる馬具や武具が豊富に出土している。

したがって、変異の状況を急激・突発的ということから、漸進的という本来の認識に置き換えれば、今でも江上説は十分に通用する。ただ、渡来後、王権を簒奪するまでに何世代もかかったのであれば、もう彼らは倭人と呼ぶのがふさわしいのではないかと筆者は考える。ここでは、この説にこれ以上深入りはしないが、いずれにしても多数の馬を載せた大船団が一挙に対馬海峡を押し渡って来た姿はどうやっても浮かんでこない。

筆者の活動の場のひとつとなっている「東アジアの古代文化を考える会」では、創立四十周年と初代会長であった江上波夫没後十周年を記念して、二〇一二年にシンポジウム「今、騎馬民族説を見直す」を開催した。奥野正男会長は、福岡の老司古墳や池ノ上石棺墓の馬具や陶質土器から、騎馬民族の渡来を積極的に論じ、江上説を支持した一人である。馬匹文化の研究で知られる福岡大学の桃崎祐輔教授からは、「倭人は高句麗との戦いの過程において、南部の金海や百済を通じて持続的、数次にわたる騎馬文化の伝播があり、その裏には鉄資源を巡る獲得競争があった」とする見解を示された。

このシンポジウムは一部マスコミから好意をもって報道されたが、会の力不足からか、今ひとつ掘り下げた論議が足りなかったように感じられた。

このように、古代の馬の渡来の実態は、次第に明らかになりつつあるが、騎馬という習俗のみに拘らず、広く馬匹生産ということを考えれば、馬の飼育に長けた馬養い《か》（職人）が居なければならない。彼らが馬と共にやって来たのは確実である。しかし、その初期に繁殖の元となった一定数の馬を海を越えてどうやって運んだか、という大問題は依然謎のままである。

朝鮮半島の（列島製）木棺

韓国・公州の宋山里古墳群にある百済・武寧王の墓は、その墓誌銘から六世紀初めの百済王の存在を明確にした墳墓として名高い。この王と王妃の棺は、コウヤマキで作られた家型木棺であった。コウヤマキは日本列島特有の木であることから、倭国から搬入されたものに間違いない。百済では、この他に扶余・陵山里古墳群のうちの五基及び益山大王墓から見つかった木棺片もコウヤマキと見られている。さらに新羅・慶州の地でも皇南大塚、金冠塚という王墓の木棺はクスノキであった。

これも先述したように列島産樹木と見なしてよい。百済のコウヤマキ、新羅のクスノキといったように樹種こそ違うが、王族の木棺には列島産の木が使用されているのである。このことは、近年朝鮮半島南部との交易に於いて倭国側の交換材として、樹木の存在がクローズアップされることにもなった。

それでは、新羅や百済の王が、棺用として倭地の樹木を海を越えてわざわざ取り寄せる動機が一体何であったかを探る必要があろう。中国・後漢代の王符の潜夫論によれば、都・洛陽では有力者から下級の者まで、棺用とし樟・クスノキなどの貴重木を棺材として遥か江南から運び込ませていた。また湖南省・長沙の馬王堆墳墓の棺材はスギ科のコウヨウザンという木であったが、楽浪郡のあった平壌の墳墓からも多くのコウヨウザン木棺が発見されている。このように木棺材として尊重された樹木（コウヨウザン、クスノキ、コウヤマキ）は、共通して大木で香りがよく腐食しにくいといった特徴を持っているので、近隣に適当な樹木が無ければ、無理をしてでも取り寄せなければならないという事情があったのである。そのことは、また同時に王族でしか入手できない貴重なモノを使用するという威信を示すことにもなったのであろう。また、新羅や百済の墓制には木棺だけでなく木槨《かく》墓（木棺を入れる囲い）を採用しているので、木材の需要は多かったはずである。朝鮮南部にはマツ類しかなく、その点樹種も多く適材が豊富であった日本が、交易用の恰好の材料として木材を扱ったことは容易に推察できる。

棺材の運搬（渡海）について

さて、百済や新羅の王墓に使用された日本産のコウヤマキやクスノキは、海を越えて一体どのように運ばれたか、という疑問が残る。馬の輸送のところでも触れたが、木材の海上輸送についても触れた古文献は見当たらない。したがって論拠不十分なままではあることを承知の上で、その実態について可能性を交えてお示しすることにしたい。

古墳時代・中期（五世紀まで）の準構造船の時代には丸太にした原木を筏に組んで渡海したのではないかと考える。筏は丸太自体の浮力により安定性は高い。その反面、操作性や速力という面では問題が多い。丸木舟ベースの準構造船は、長さも幅も（特に幅）限界があり、積載能力は限られるので、原木はおろか半製品（板材）でも大きなものは収容できなかったであろう。

筏の先は流線形に組み、両側に複数漕ぎ手が付く。木材の産地は航海距離が少なくて済む西日本、特に九州北部が候補地となろう。特に対馬海峡を渡るのは至難の業となるが、季節を選び、潮目風見を慎重に見極めて渡る以外にない。当然滞留期間も長くなったことであろう。筏の場合には安定性はあるので帆の使用も想定できるし、馬と同様に双胴船タイプ使用の可能性もあげておきたい。

対馬には筏が現存する。「ゼーモク舟」と呼ばれ、スギの角材を束ねたものだ。藻刈り舟とも云われており、沿岸で海藻を取るための筏であるらしい。

私はタイ北部で筏ラフティング（川下り）の経験がある。冒険では無く、観光用のものであったが、揺れも少なく極めて快適なものであった。

しかし、風が強く波がある海ではそうは問屋が卸さないことも容易に想像できる。

科学博物館の三万年前の航海再現プロジェクトでは、台湾で竹筏による黒潮横断という実験航海にチャレンジした。五人の漕ぎ手で二ノット（時速三・七㎞）は出せたというが、残念ながら目的地には到達できなかった。今後の活動にも注目したいところである。古墳時代・後期　六世紀以降の構造船（帆掛け船）時代には馬の輸送とも絡み倭国が構造船造りに着手した時期だと考えられる。

したがって、積載能力が飛躍的に増大した船には、棺は完成品として、或はある程度加工された半製品材として運ばれたであろう。

さらに七世紀になると、遣唐使船の南ルート開発という必要性に迫られて、大型船（構造船）建造に着手した時期だと考えられる。この遣唐使船は唐や百済、新羅の交易船とは比較にならないほど巨大なものであったが、もうこの時期には棺材の需要は無くなっていた。東アジアの情勢は緊張と緊迫の時代を迎えていたのである。

フナクイムシによる被害

フナクイムシについては弥生時代の港のところで触れた。地球上の海辺には広くフナクイムシが棲息し、日本では全国どこの沿岸部にも見られる。ムシという名が付けられてはいるが、実は二枚貝の一種で、舟や流木などの木に棲みつき木材（セルロース）を食べて穴を開け、沈没を惹き起こす恐ろしい存在である。丸木舟、準構造船、木造構造船など木造の船の耐久性は結局このフナクイムシとの戦いであったといってよい。一見巨大ミミズのような格好で、実にグロテスクな感じを受けるが、何と東南アジアでは珍味として食されているそうだ。

ところで、このムシは塩分一％以下の海水では生存できなくなる。先述した壱岐の原の辻遺跡や吉備の上東遺跡の船着き場遺構など、ここで挙げた古代の船着き場遺跡が河道にあった裏には、このフナクイムシを防ぐという大きな意味があったのである。丸木舟は浜辺に引き上げればよいが、図体の大きい構造船ではそうはいかない。定期的に陸揚げして焚火をし、船底を燻し乾かす作業が必須だったのである。そしてまた、船材や棺材によく利用されたコウヤマキ、クス、スギといった樹種はフナクイムシにも強く、他の樹種に比べて食害速度が遅いといったデータもある。古代人は経験を通して船材を選んでいたのである。

現在では船体の多くが鋼鉄やプラスチックで造られているので、この害を考えなくともよいが、それでも貯木場はやはり淡水か汽水域でなければならない。東京の木場は墨田川河口であったし、新木場は荒川河口に造られたのだ。

日本列島の木の文化

人類は古くから身近にあった木を燃料として利用し、建材や舟や狩猟具、そして農具や器など、極めて多目的に利用して来た。特に我々日本人の祖先は、日本列島の豊かな植生に育まれて多様な木の文化を築いて来た。この自然の恵みを改めて感謝すべきであろう。記紀に記載の樹木の種類は五十三種、二十七科、四十属に及ぶそうだが、出雲神話でお馴染みのスサノヲには木に関する記述が多い。

紀の一書には、高天原から追放されたスサノヲは新羅国に降り立ち曾尸茂利《ソシモリ》に居たが、この地には居たくないとして、樹木の種子を植えずに持ち帰ることにして埴土で舟を造り出雲へ渡った。そこで、韓郷には金銀があるが、子孫が韓に渡る際には舟がないと良くないとして、自身の髭を抜いて杉を、胸毛を抜いて檜《ひのき》を、尻毛を抜いて柀《まき》を、眉毛を抜いて櫲樟《くすのき》を成したという。さらに、杉及び櫲樟は以って浮宝《うきたから》（舟材）とすべし、檜は以って瑞宮《みつのみや》を為《つく》る材《き》（宮殿造営材）にすべし、柀《まき》は以って棺（棺材）とすべし、とその用途を実に的確に指示して、子孫に対し植林を命じたのである。

また、記によればスサノヲが退治した八岐大蛇《やまたのおろち》の胴体には蘿《つた》や檜《ひのき》や椙《すぎ》が生えていたという。

ここで、実際に樹木を利用する過程の一端が窺える遺跡を中心に、古代の状況について考えてみたい。岡山市の津島岡大遺跡は縄文中期（四千年前）の河道にあった遺構である。ここから腐朽を免れた二百本以上の杭と散在する加工木が確認された。いずれもアカガシ亜属で、板材は大形で平板なものと打ち割り段階の板材があった。杭はしがらみ状部にあり、貯木場として水量調節も可能であった、とされる。

これと同様の水漬け貯木場遺跡は弥生期から古墳時代にいくつか見られる。

滋賀・東近江市の蛭子田《えびすだ》遺跡は弥生後期から古墳時代にかけての河道跡遺跡である。多量の木製品が出土したが、木材の伐採から製品への加工工程がわかる資料（原材）がまとまって出土した。
①立ち木を伐採した丸木のままのもの
②丸木を一定の長さに切断したもの
③切断した丸木を縦方向に割って板状にしたもの

これらは、いずれもやはりアカガシ亜属であったが、鍬や鋤といった農具を製作したと見られている。また固定用の杭もあったことから、ここには丸木を水漬けした貯木場もあったことが分かる。

一昨年十一月の福岡金属遺物懇話会での発表（福岡大学・太田智氏）によれば、福岡県筑前町（旧夜須町）の弥生中期の惣利遺跡の溜池状遺構から一万点を超える木器・木材が出土し、鍬や泥除けの未成品、貯木場遺構、木屑などから木器生産が行われていた。また、古墳時代後期の建築部材も大量に出土し、木樋への導水施設や県下最古級の下駄も出土したとの報告があった。

七世紀の難波宮造営の際には、風土記などから建築部材としてのコウヤマキの調達状況がある程度判明している。播磨、西摂津から丸太を切り出し、それを水辺で筏に組み海を舟で運んだという。

八世紀の正倉院文書によれば、奈良の都造営に利用する各地の原木は、皮を剥ぎ丸太・角材をコロや修羅で運び出して谷から本流へ流し、河口で筏を組んだ。そこから海路を経て再び河川水系を辿り都へ運んだという。この際に水系の結節点となったのが巨椋池《おぐらいけ》であった。

卜骨と海上祭祀

弥生時代から古墳時代には、鹿や猪《いのしし》の肩胛骨《けんこうこつ》を灼《や》いて出来た割れ目で吉凶を占う卜骨《ぼっこつ》という習慣があった。弥生時代中期の壱岐の原の辻遺跡やカラカミ遺跡からはそれを証明する骨が出土している。その後、この風習は関東、北陸を東限として列島全体に拡がりを見せる。この遺物の出土地はその殆んどが海に面した土地にあり、これが漁撈や海上交易に関係する集落（生活拠点）であったことが注目される。豊漁を神様に占い、航海の安全を神に祈るお祀りの道具であったろう。律令期になると、この祭祀には中国を見習って亀の甲羅（腹側）を使用する。

朝鮮半島にも日本列島と同様に各地の海浜に面した集落に鹿や猪の骨を使用した卜骨の習慣があった。慶尚南道泗川《しせん》市の勒島《ろくとう》は多島海の中の小島であるが、古くからの海上交流拠点として重要な存在である。弥生時代中期頃（青銅器時代後期）の貝塚からは沢山の弥生土器や楽浪土器、半両銭に混じって鹿の卜骨が出ている。全羅南道海南郡の郡谷里《ぐんこくり》遺跡からは弥生後期（原三国時代）一世紀頃の鹿や猪の卜骨が大量に見つかった。ここからは金海式土器（甕棺）の窯跡も検出されており、半島南岸の交流を物語るものとして注目されている。

金海市鳳凰洞の鳳凰台丘陵にある金海・会峴洞《かいけんどう》遺跡（金海貝塚）からは弥生時代後期にあたる時期の遺跡から鹿や猪の卜骨が出土した。この遺跡は環濠集落として金海式土器（瓦質土器・甕棺）や貨泉も発見されており、狗邪韓国や金官加耶の所在を巡って注目される存在である。また、台地の西麓からは船着場と掘立柱遺構が検出され、ここが海上交通の重要拠点であったことを裏付ける。

舟葬について

舟葬とは、遺骸を舟に載せて死者の魂を他界へと送る思想（海上他界観）であるが、この風習は世界に広く見られる。欧州ではゲルマン民族の葬制が有名であるが、アジアでも中国・春秋時代から戦国時代の懸崖葬《けんがいそう》（崖の穴を利用して舟棺を懸ける）がよく知られている。

我が国では近年までその実態は不明であり、舟葬を否定する声の方が圧倒的であったが、一九五六（昭和三十一）年以降、数次の調査により房総半島の南端・館山の大寺山洞穴から実際に使用された丸木舟を棺に転用したものが発見されて、舟葬が確実視されることになった。ここでは、舟棺のほか、古墳時代の甲冑や刀剣類、玉類など古墳に入れられている副葬品と同じものが多数見つかっており、まさに被葬者が海人豪族であったことを如実に示している。

その後、舟形木棺を伴う墳墓やその痕跡が見出されているものなど、数多くの舟葬の形態が確認されている。同時に古墳内部に描かれた舟や舟形埴輪、舟形木製品の見直しも進み、舟葬といった海人の葬送儀礼に関心が強くなりつつある。当然と言えば当然だが、海に生きた人々は、死に際して海との関わりを大切に考えたであろうし、黄泉の国を海の彼方に求めたとしても何ら不思議はない。この習俗に関する考察もさらに進めるべきであろう。

第Ⅳ部　総括

これまで、我々日本人にとって玄界灘という海が果たしてきた大きな役割を述べて来た。

三万八千年前、最初に人類が日本列島へ足を踏み入れた時代に始まり、中国（唐）への遣唐使派遣までという古代の世界である。

大陸文明の摂取や諸勢力との交流の舞台となった玄界灘を行き交った人々の姿をより鮮明に復元してみたいとの想いがその出発点にあった。これまで常々感じていた古代の航海や船に関する緒論に多くの疑問を感じていたからである。この海や船という移動手段それに物流という基本的な条件を曖昧にしたまま安易な推論を進めることは歴史の復元に大きな禍根を残すことに繋がっているとの想いもあった。

また、同時に考古学や文献のみならず学際分野の知見を総合的に見て、歴史の大きなうねりを巨視的に観察し、理解を深めたいとの気持ちもあった。

その結果、これまでの定説や通説とは違った独自の視点からの考察もいくつか述べた。蛮勇を振るっての開陳であるが、いささか筆が滑り過ぎたところもあるかも知れない。この点は改めてご指摘、ご指導を頂ければ幸いである。

考察を進めるうちに改めて実感したことがある。それは、日本列島の置かれた特殊な地理的条件のことである。朝鮮半島と日本列島との間に位置する玄界灘という海は、まさに『砂時計の中空の管』のような存在であり役割だった、と気づかされたのである。双方の陸地を結ぶ海人は、もともと自由に勝手気ままに往来していた時代もあったであろうが、やがて多くの小国が生まれ、それが次第にまとまって西日本連合国家が形成された（筆者は、それを三世紀の邪馬台国連合国家と考える）。

列島範囲での国が成立すると同時に一元外交が始まり、この海の統制や管理が開始される。大陸文明や必需物資の導入は、即政権の求心力に直結する重大な問題なのであるから、自由放任な行為は許されなくなるのだ。制海権の問題である。古代においてソトの世界へ通ずる唯一の窓口であった玄界灘を制する者が倭《やまと》を制したのである。この海域の海人は日頃は外交や交易の一翼を担い、戦乱時には徴発されて戦地へ赴くことを余儀なくされたことであろう。

この地理的条件については、日本と同様、大陸の周縁部に位置する島国のイギリスとの対比で考えると分かり易い。英仏海峡は五百六十二㎞に渡って双方の陸地が横たわる。しかも、二百㎞未満の海であり、最短部のドーバー海峡は三十四㎞しかない。したがって、古来多くの民族の往来が頻繁にあり戦乱が絶えなかったことは、よく知られており、現在でも実態は四か国の連合体である。

もし、日本列島の条件がイギリスと同様であったならば、彼らと同じく、より複雑で多様な歴史を辿ったであろう。

最後に、これまで述べて来た航海や交流についての考え方を確認・整理しておきたい。

まず、航海というものは、

①政治的、経済的目的達成のための集団意志がある

②移動手段としての船（舟）と、航海能力を有する人材の確保が必要

③航海ルート上の補給拠点整備

といった三つの要件が挙げられる。

交流の定義については、複数地点間における往来（双方向）が平和的、安定的に遂行可能な状態にあること。したがって一方向のみ、例外的、あるいは侵略、戦争、漂流、漂着などは含まない。このような事例は個別に検討すべきである。

次にウチとソトについて。我々日本列島に生きている者は玄界灘を始め、海によってウチとソトが分けられていることを、無意識のうちに認識している。三世紀に編纂された魏志の韓伝には朝鮮半島南部諸国（弁韓、辰韓）のことを記載する。そこには倭人とよく似通った習俗が描かれており、元々その一部は同根であった可能性を示唆している。古来、玄界灘を多くの人々が行き交ったことは間違いないが、現在の国際状況を前提にして古代の様相を短絡的に考えてはならない。渡来人即朝鮮人や中国人などと考えない方がよい。その意味で筆者は「自分のルーツはアフリカ系渡来人」だと言うことにしている。

主な引用・参考文献

石井謙治「日本の船」東京創元社　一九五七年
茂在寅男「古代日本の航海術」小学館　一九九二年
安達裕之「日本の船（和船編）」日本海事科学振興財団　一九九八年
国分直一「北の道南の道　日本文化と海上の道」第一書房　一九九二年
高見玄一郎「渤海紀行」ぎょうせい　一九九四年
大林太良編「船」社会思想社　一九七五年
大林太良「海人の伝統」中央公論社　一九八七年
道家康之助「海からみた邪馬台国」梓書院　一九八六年
道家康之助「カヌーで探る邪馬台国への道　東アジアの古代文化」大和書房　一九九〇年
道家康之助「東シナ海における古代の航法　東アジアの古代文化」大和書房　一九九五年
道家康之助「越族が渡航して弥生時代を作った　東アジアの古代文化」大和書房　一九九九年
道家康之助「海からみた卑弥呼女王の時代」歴研　二〇〇七年
道家康之助「海からみた日本国の起源」梓書院　二〇〇九年
邦光史郎「海の日本史　上巻」講談社　一九八七年
宇野隆夫「船　列島の古代史４　人と物の異動」岩波書店　二〇〇五年
石野博信編「古代の海の道」学生社　一九九六年

石野博信「邪馬台国の考古学」吉川弘文館 二〇〇一年
田村圓澄・荒木博之編「古代海人の謎」海鳥社 一九九一年
山形欣哉「歴史の海を走る（中国）」農山漁村文化協会 二〇〇四年
出口晶子「丸木舟」法政大学出版局 二〇〇一年
須藤利一編「船」法政大学出版局 一九六八年
辰巳和弘「他界へ翔る船」新泉社 二〇一一年
辰巳和弘「埴輪と絵画の考古学」白水社 一九九二年
鈴木理生「川を知る事典」日本実業出版社 二〇〇二年
松本健一「海岸線の歴史」ミシマ社 二〇〇九年
後藤　明「海から見た日本人」講談社 二〇一〇年
羽田正編「海から見た歴史」東大出版会 二〇一三年
早坂俊廣「文化都市　寧波」東大出版会 二〇一三年
石村智編「ラピタ人の考古学」渓水社 二〇一一年
荒野泰典・村井章介・石井正敏編「東アジア世界の成立　日本の対外関係①」吉川弘文館
二〇一〇年
村上恭通「古代国家成立過程と鉄器生産」青木書店 二〇〇七年
田中史生「倭国と渡来人」吉川弘文館 二〇〇五年
田中史生「国際交易の古代列島」ＫＡＤＯＫＡＷＡ 二〇一六年

高田貫太　「海の向こうから見た倭国」　講談社　二〇一七年
小田静夫　「黒潮圏の考古学」　第一書房　二〇〇〇年
小田静夫監　「日本人の源流」　青春出版社　二〇〇一年
海部陽介　「日本人はどこから来たのか」　文藝春秋社　二〇一六年
安田喜憲・三好教夫　「図説日本列島植生史」　朝倉書店　一九九八年
池谷信之　「黒潮を渡った黒曜石」　新泉社　二〇〇五年
橋口尚武　「黒潮の考古学」　同成社　二〇〇一年
島田和高　「氷河時代のヒト環境文化」　明治大学博物館　二〇一二年
宮本一夫　「農耕の起源を探る」　吉川弘文館　二〇〇九年
杉山浩平　「弥生文化と海人」　六一書房　二〇一四年
小野林太郎　「海の人類史」　雄山閣　二〇一七年
中村大介　「弥生文化形成と東アジア社会」　塙書房　二〇一二年
大貫静夫　「東北アジアの考古学」　同成社　一九九八年
遠澤　葆　「魏志倭人伝の航海術と邪馬台国」　成山堂書店　二〇〇二年
大友幸男　「海の倭人伝」　三一書房　一九九八年
野性時代　「野性号・邪馬台国への道」　角川書店　一九七五年
藤口健二　「野性号による海路調査」　歴史民俗博物館研究報告一五一集　二〇〇九年
澤宮　優　「大王の棺」　現代書館　二〇〇八年

寺澤　薫　「王権誕生　日本歴史〇二」　講談社　二〇〇〇年
上田　雄　「遣唐使全航海」　草思社　二〇〇六年
森　克己　「遣唐使」　至文堂　一九八五年
西谷　正　「古代日本と朝鮮半島の交流史」　同成社　二〇一四年
西谷　正　「北東アジアの中の弥生文化　私の考古学講義（上）」　梓書院　二〇一六年
西谷　正　「北東アジアの中の古墳文化　私の考古学講義（下）」　梓書院　二〇一七年
西谷　正・安田喜憲編　「対馬海峡と宗像の古墳文化」　雄山閣　二〇一六年
山本孝文　「古代朝鮮の国家体制と考古学」　吉川弘文館　二〇一七年
山本孝文　「古代韓半島と倭国」　中央公論新社　二〇一八年
奥野正男　「著作集Ⅳ　騎馬民族の来た道」　梓書院　二〇一二年
奥野正男　「鉄の古代史３　騎馬文化」　白水社　二〇〇〇年
「今騎馬民族説を見なおす」　東アジアの古代文化を考える会　二〇一四年
髙川　博　「国防と航海の観点から視た魏志倭人伝」　古代文化を考える第五十号　二〇〇六年
髙川　博　「流移の民・倭人考」　古代文化を考える第五十二号　二〇〇七年
髙川　博　「弧帯文が語るヤマト王権の成立」　古代文化を考える第五十四号　二〇〇八年
髙川　博　「金印の謎を探る」　古代文化を考える第五十五号　二〇〇九年
髙川　博　「奴国の東遷とヤマト王権」　古代文化を考える第五十七号　二〇一〇年
沖ノ島祭祀と九州諸勢力の対外交渉　「第15回九州前方後円墳研究会北九州大会資料集」

青雲印刷　二〇一二年
世界遺産推進会議「宗像沖ノ島と関連遺跡群研究報告Ⅰ」プレック研究所　二〇一〇年
世界遺産推進会議「宗像沖ノ島と関連遺跡群研究報告Ⅱ」プレック研究所　二〇一一年
世界遺産推進会議「宗像沖ノ島と関連遺跡群研究報告Ⅲ」プレック研究所　二〇一三年
足立喜六　塩入良道訳「入唐求法巡礼行記１　東洋文庫」平凡社　一九七〇年
足立喜六　塩入良道訳「入唐求法巡礼行記２　東洋文庫」平凡社　一九八五年
藤堂明保　影山輝國　竹田　晃全訳注「倭国伝」講談社　二〇一〇年
武末純一監訳　庄田慎矢　山本孝文訳「概説韓国考古学」同成社　二〇一三年

おわりに

昨今、世界には戦争や紛争により多くの難民が発生し、大きな問題となっている。日本は難民受け入れに消極的な国だとして見られているようだ。しかし、古代のことを考えてみると、外の世界から実に多くの人々を受け入れてきたことが分かる。

特に六世紀の加耶諸国（金官加耶や大加耶など）の滅亡、七世紀の百済と高句麗の滅亡の際には多くの亡命王族や貴族を受け入れて来たのである。このことは日本書紀や続日本紀などの文献に見えるが、平安時代初期（九世紀初め）に出来た「新撰姓氏録《しんせんしょうじろく》」が参考になる。畿内という地域限定ではあるが、そこには有力氏族の系譜が出自ごとに分類されている。多い順に漢系、百済系、高句麗系、新羅系、任那系とあり、これ等諸蕃《しょばん》（渡来氏族）の全体に占める割合は実に二十八％にも達している。彼らの多くは自国の滅亡時に命からがら倭国（日本）に逃れてきた人々の子孫であろう。もちろん彼らの先進的知識や技能は日本の国造りに大きな貢献をしたことも間違いないが、ここで忘れてはならないのが、彼らこそ現在の我々日本人の祖先となったことである。

よく知られていることだが、天皇の「韓国（朝鮮）とのゆかり」ご発言がある。続日本紀にある「桓武天皇の母である高野新笠が百済系の和《やまと》氏の出であり、その祖が百済の武寧王《ぶねいおう》」との記載からの引用である。少し詳しく説明すると、武寧王は質として倭国へ送られる王族の一行に居た母が、急に産気づき唐津沖の各羅島《かから》（現加唐島）で生まれたところから「嶋王」と名付けられたという（彼の墓誌には斯麻《しま》王と記されている）。

日本書紀には、「直ちに送還」したことになっているが、これには多くの矛盾がある。

先ず、産み月間近であることは既に周囲は分かっていたのであり、母子を直ちに送り返すことは現実的でないし、三国史記には彼が百済王に就任するまでの事績は一切見当たらない。

彼が内紛により暗殺された兄（東城王、彼も質として倭国に居たが、王位を継ぐために送り返された）の後を引き継いだのは四十一歳頃であり、それまでは倭国内に質として留まっていたのであろう。それは彼の息子である純陀太子が継体期に大和の地で死去したことが書かれていることからも推察できる。純陀太子を祖としてその系譜に繋がるのが和氏なのである。

百済中興の祖とされる武寧王の墓は、百済式の土饅頭型の円墳であるが、石室構造は中国南朝様式の磚室（レンガ造り）であり、棺は倭国産のコウヤマキであった。彼の生まれ育った環境や外交関係を顕しているようで興味深い。

桓武天皇は、百済系の官僚を重臣に抜擢し、妃ではないものの後宮に多くの百済系の女人を招き入れている。

二〇一六年十月「にっぽん丸」というクルージング船で、博多港を出て沖ノ島海域そして五島、天草の周遊を楽しんだ。ご承知のように沖ノ島への上陸はかなり厳重に制限されており、一般の人間が立ち入ることは許されていない。このクルーズでは同島の周辺海域を周遊するというので、日頃、古代の船と航海に大きな関心を寄せていた私は、島を間近に見るこの絶好のチャンスにすぐに参加を申し込んだ。

志賀の島を過ぎ、博多湾から玄界灘へ出た船は一路北上して沖ノ島へ向かう。途中のお目当ては宗像と壱岐を結ぶ線上に浮かぶ小呂島だ。やがて左手に小呂島が見えてきた。前方後円墳の姿に似ていることに驚かされる。私の想定する小呂島航路を確かめるために、宗像や壱岐の姿を確認すべく眼をこらしたが、いずれもうっすらと山々や陸地らしきものが見えるだけであり、その距離（宗像大島三十四㎞、壱岐の島二十四㎞）は、大海の中に身を置いて見ると実に遠い。この海を漕いで渡ることなど、ほとんど絶望的な距離に思えてくるほどだ。古代人は偉い！

沖ノ島に近づくと、写真でお馴染みの姿が近づいてくる。島の前にはまるで門のように幾つかの岩礁が立ち並んでいる。船は島の東へ回り、時計とは逆回りで進む。以前、博多―釜山間のジェットフォイルの上から（島の西海上から）遠望した経験から、ある程度予想はついていたが、三角形のシルエットへと、その姿を大きく変えてしまう。北から見る姿は南側のものと似通っているが、岩肌の割れ目が大きく目立って荒々しい感じを受ける。

その頃には陽も西に傾き、西の海は夕陽に赤く染められて来た。西北方面には対馬があるはずだが、眼を水平線上に凝らしても、姿は見えない。やっと望遠鏡で確認出来たが、その姿は横に大きく広がり、とても島とは思えないほどであった。その距離は六十五㎞。古代の船での通交は、不可能とは言わないまでも、相当難しいであろう、特に対馬から沖ノ島という小島を目指す場合には、その姿を確認することは大変厳しいだろうことがよく分かった。この日の海は波も穏やかでお天気に恵まれた航海であった。

この旅行とは別であるが、以前、博多から対馬にジェットフォイルで渡ったことがあったが、その時は運悪く台風の影響で大荒れであった、しかも途中で日は暮れて、周りは真っ暗闇、船は風と大波により大きく揺れる。しばらく揺られて、やっと港へ着いた時には、心底ほっとしたものだ。GPSやレーダーを備えた近代船でも、やはり夜の荒れ海は怖い。まして、古代の船が絶対に夜間航行をしなかった、ということは極めて当たり前のことだと実感できた。

海は我々に恵みをもたらす存在であるが、同時にまた人間の命や財産を奪う二面性も備えている。

玄界灘の海が穏やかで、これからも平和であるように祈りつつ筆を置く。

著者略歴
高川　博（たかがわ　ひろし）
1945（昭和 20）年　福岡県大野城市生まれ
1967（昭和 42）年　福岡大学卒業
2005（平成 17）年　安田火災海上保険（株）（現、損害保険ジャパン日本興亜社）を退職
現在　埼玉県さいたま市

所属　東アジアの古代文化を考える会・幹事
考古学研究会・会員
文化財保存全国協議会・会員

著書　古代文化を考える（同人誌）
論文 5 編（参考文献に記載の通り）
蓬莱島見聞録（文芸社、2013）

玄界灘《げんかいなだ》から見《み》る古代日本《こだいにほん》

2019 年 1 月 15 日 初版第 1 刷発行

著　者　高川　博
発行者　田村志朗
発行所　㈱梓書院

〒 812-0044 福岡市博多区千代 3-2-1
Tel 092-643-7075
印刷・製本　シナノ印刷㈱

ISBN978-4-87035-641-2